자신의 기분이나 생각을 분명하게 말하자

할 말 다하기

저자 | 다카토리 시즈카(JAM 네트워크 대표)+JAM 네트워크

루덴스미디어

이 책을 보시는 여러분께

먼저 이 책에 관심을 보여 주신 여러분께 감사의 말씀을 드립니다.
여러분은 친구나 부모님 또는 선생님과 얘기를 하다가 "이럴 때는 뭐라고 말하면 좋을까?" 싶었던 적 없나요?

"새 학기에는 친구를 사귈 수 있을까?"
"친구랑 다퉜는데 어떻게 하면 화해할 수 있을까?"
"또 물건을 잃어버렸네. 뭐라고 말하지?"
"싫은데. 싫다는 말을 못 하겠다."
"내 생각을 잘 설명할 수가 없다."

위와 같이 무슨 말을 어떻게 하면 좋을지 고민하게 되는 상황이 의외로 많을 텐데, 그럴 때 이 책을 펼쳐 보기 바랍니다. 이 책에서는 말하는 방법에 관한 요령과 본인의 기분이나 생각을 자신의 말로 표현하기 위한 실마리를 일러스트와 함께 이해하기 쉽도록 설명하고 있습니다.
"어차피 말을 해도 소용없을 거야."라는 생각으로 참아 넘기거나 "뭐, 상관없어!"라며 자신의 기분을 숨긴다면 스트레스만 쌓입니다.
다른 사람과 원활하게 의사소통을 한다는 것은 어른에게도 쉽지 않은 일이지만, 스포츠와 마찬가지로 꾸준히 반복해서 연습하다 보면 커뮤니케이션 능력을 키울 수 있습니다.
자신의 기분이나 생각을 가능한 한 이해하기 쉽게 그리고 상대방의 기분도 배려하면서 좋게 말하는 힘을 이 책을 통해 키워 나갔으면 합니다.
요령만 파악하면 지금보다 훨씬 편하게 말할 수 있을 거라 생각합니다.
자신의 기분을 제대로 표현하려면 먼저 스스로 본인의 기분을 알아차리는 것이 중요하며 바로 그것이 출발점입니다. 이 책에서는 말하는 방법에 관한 요령을 소개함과 동시에 자신의 기분을 알아차리는 방법에 대해서도 소개합니다.
하지만 자신이 어떤 생각을 하는지, 무슨 말을 하고 싶은지를 모르면 아무리 말하는 방법의 요령을 터득해도 다른 사람과 올바르게 커뮤니케이션을 할 수 없습니다.
자신의 기분이나 생각을 숨기지 않고 상대방의 기분을 생각하면서 이해하기 쉽게 전달할 수 있는 사람이 되는 것이 이 책의 가장 큰 목적입니다.

처음에는 용기가 필요할지도 모릅니다. 생각만큼 쉽지 않을 수도
있습니다. 그래도 실패를 두려워하지 말고 용기를 내 보세요!
중요한 것은 자신의 힘을 최대한 짜내어 도전해 보는 것입니다. 이 책은
앞으로 부딪히게 될 여러 장면에서 분명 여러분에게 도움이 되리라
믿습니다.

◎이 책의 특징과 사용 방법
· 아이들을 인터뷰한 결과를 참고로 흔히 있을 법한 장면, 자주 접하는
  장면을 하나씩 정리하였습니다.
· 각각의 장면에는 해결책과 더불어 도움이 될 만한 의견을 덧붙여
  놓았으므로 잘 읽어 보세요.
· 오른쪽 페이지에는 커뮤니케이션 능력을 실제로 자기 것으로 만들 수
  있도록 '활동' 항목을 실었습니다. 본인의 페이스에 맞춰 실행해 보세요.
· 활동 항목은 한 번 해서 끝내지 말고 반복해서 여러 차례 해야 비로소
  자기 것이 됩니다. 써넣기 칸에는 각자 나름의 생각을 최선을 다해
  적어 보세요. 나중에 본인이 써놓은 내용을 다시 보면 자신이 얼마만큼
  성장했는지 알 수 있을 뿐 아니라, "내가 이런 생각을 했었구나!" 하는
  즐거운 발견을 할 수도 있습니다.
· 실제로 곤란한 상황에 처했을 때는 아무 생각 없이 책을 펼쳐 보고 말
  것이 아니라 "아아, 그렇구나! 이럴 때는……." 하는 느낌으로 내용을
  찬찬히 읽어 보세요. 꼭 첫 페이지부터 읽을 필요는 없습니다. 어느
  페이지부터 시작하든 상관없어요.
· 처음부터 끝까지 한 차례 다 읽고 활동 항목을 마쳤더라도 책을 옆에
  두고 가끔씩 들여다보기 바랍니다. 그러면 미처 모르고 넘어갔던 방법을
  새로이 알아차릴 수 있기도 하거든요. 책이 너덜너덜해질 때까지
  반복해서 사용해 주세요.

JAM 네트워크

차례

이 책을 보시는 여러분께
셀프 체크 시트 훈련을 시작하기 전에 — 6

제1장 기회를 만드는 훈련

1. 아는 사람을 만났을 때 — 10
2. 말을 걸 기회를 잡고 싶을 때 — 12
3. 처음 보는 사람과 얘기할 때 — 14
4. 누군가와 친구가 되고 싶을 때 — 16
5. 화해하고 싶을 때 — 18

◎ **번외 편**

입 풀기 훈련! 잰말 놀이로 발음 연습 — 20

제2장 감정을 표현하는 훈련

6. 상대방의 기분을 알고 싶을 때 — 22
7. 뭐라고 말하기가 애매하다 싶을 때 — 24
8. 기쁠 때♪ — 26
9. 왠지 찜찜할 때 — 28
10. 놀림을 받아서 속상할 때 — 30
11. 사이좋게 지내는 친구가 괜히 짓궂게 놀릴 때 — 32
12. 다른 사람에게 맞추는 것이 힘들어졌을 때 — 34
13. 무시하는 쪽이 되어 버렸을 때 — 36
14. 화가 치밀 때 — 38
15. "어차피 나는……"하고 생각했을 때 — 40

◎ **특별 편**

칭찬 훈련! 칭찬 전문가가 되자 — 42

제3장 알기 쉽게 말하는 훈련

16. 겉모습이나 분위기를 설명할 때 — 44
17. 알기 쉽게 설명하고 싶을 때 — 46
18. '크다'를 알기 쉽게 말하고 싶을 때 — 48
19. '착각하나?' 싶을 때 — 50
20. 정리해서 전달하고 싶을 때 — 52
21. 복잡한 것을 설명할 때 — 54
22. 상대방이 이해하기 쉽도록 전달하고자 할 때 — 56
23. 길 안내를 할 때 — 58

◎ **응용 편**

5W 1H 훈련! 자신의 몸 상태나 다친 정도를 설명해 보자 — 60

제4장 생각을 정리해서 요점을 말하는 훈련

- 24 '어떻게 하고 싶은지' 모를 때 — 62
- 25 '어떻게 하고 싶은지' 결정하지 못할 때 — 64
- 26 오해받았을 때 — 66
- 27 자신이 하는 말을 인정받고 싶을 때 — 68
- 28 싸움을 해결하고 싶을 때 — 70
- 29 큰일이다! 싶을 때 — 72
- 30 꾸지람을 듣게 되었을 때 — 74
- 31 누군가와 협상하고자 할 때 — 76

◎ **게임 편**
YES or NO 게임! 모두 즐겁게 의견을 주고받자 — 78

제5장 응답을 잘할 수 있게 하는 훈련

- 32 "어땠어?"라고 물어서 곤란할 때 — 80
- 33 "듣고 있어?"라는 소리를 들었을 때 — 82
- 34 말하기 편한 사람이라는 인상을 주고 싶을 때 — 84
- 35 친구를 위로하고 싶을 때 — 86
- 36 설명이 어려워 알아듣지 못할 때 — 88
- 37 어떻게 질문하면 좋을지 알 수 없을 때 — 90
- 38 재치 있게 되받아치고 싶을 때 — 92
- 39 거절당해서 속상할 때 — 94
- 40 혼자 집을 보고 있을 때 전화가 걸려 오면 — 96

◎ **기초 편**
전화 통화의 기본 훈련! 걸 때, 받을 때 — 98

제6장 상대방이 불쾌하지 않도록 정중히 말하는 훈련

- 41 누군가에게 정중하게 말할 때 — 100
- 42 부탁할 때 — 102
- 43 말하기 어려운 말을 할 때 — 104
- 44 상대방이 불쾌하지 않게 말하고 싶을 때 — 106

보호자 및 지도하시는 분께 — 108
각 훈련의 목적 — 110
참고 문헌 및 저자 소개 — 111

셀프 체크 시트 ~훈련을 시작하기 전에~

자신의 속마음을 아는 것은 쉬운 일이 아니다. 먼저 신나는 일, 즐거운 일, 좋아하는 일 등등을 적어 보자.

체크 1 　　지금의 자신

지금까지의 자신은 어땠나? 지금은 어떤가?
생각나는 대로 적어 보자.

◎두근두근 설레게 하는 것이 있다면?

◎하면 즐거운 일은?

◎어떨 때 기쁜가?

◎좋아하는 냄새는 어떤 냄새?

◎좋아하는 맛은 어떤 맛?

◎좋아하는 소리는 어떤 소리?

◎제일 좋아하는 장소는 어디?

◎제일 좋아하는 사람은 누구?

◎소중한 사람은 누구?

◎즐거웠던 체험은?

◎자신이 좋아하는 곳은 어디?

◎자신에게 자랑할 만한 점이 있다면?

체크 2 　　앞으로의 자신

앞으로의 자신이 어땠으면 좋겠는지 무엇이든 좋으니 생각나는 대로 적어 보자.

◎어디서 살고 있을까?

◎주변에는 누가 있을까?

◎어떤 놀이를 하고 있을까?

◎어떤 일을 하고 싶은가?

◎어떤 옷을 입고 있을까?

◎어떤 음악을 듣고 있을까?

◎어떤 친구들이 있을까?

◎무엇을 손에 넣고 싶은가?

◎어떤 사람으로 보이고 싶은가?

◎주변 사람에게 무엇을 해 주고 싶은가?

◎무엇에 감사하는 마음을 갖고 있을까?

◎어떤 모습이면 행복하다고 생각할까?

'셀프 체크 시트'를 작성하면서 어떤 생각이 들던가요?

다른 사람과 커뮤니케이션을 잘하려면

먼저 자신이 두근두근 설레거나 즐겁거나

좋아하는 것이 무엇인지를 제대로 알아야 합니다.

그것은 여러분 각자의 마음속에 자리한 왕국입니다.

누군가로 인해 무너질 것 같더라도

자신의 왕국은 반드시 스스로 지켜 내야겠지요. 자~, 약속!

그럼 이제부터 훈련을 시작해 볼까요.

제 1 장
기회를 만드는 훈련

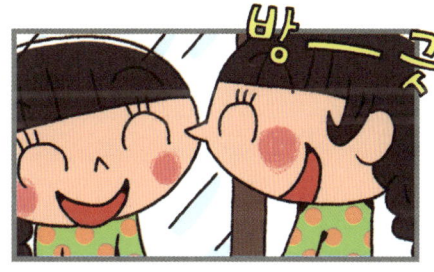

제1장 기회를 만드는 훈련

1 아는 사람을 만났을 때

학교에서 돌아오는 길에 종종 이웃집 아주머니를 뵙게 되는데, 그때마다 아주머니께서 "어서 오렴!"하고 인사를 하신다. 이럴 때는 뭐라고 말하면 좋을까?

집으로 돌아온 게 아니라서 "다녀왔어요."라고 말하기도 그렇고, "어서 오렴!"하고 인사하시는데 "안녕하세요?"라고 하는 것도 이상한 것 같은데……라는 생각이 드나요?

"어서 오렴!"하고 인사하는 이웃집 아주머니는 분명 학교에 갔다가 돌아오는 자신의 아이를 대할 때와 마찬가지로 맞아 주는 것일 겁니다. 그러므로 "다녀왔습니다."라고 대답해도 좋고 "안녕하세요?"라고 인사해도 괜찮아요. 아니면, 꾸벅 고개를 숙이거나 방긋 웃는 것도 좋습니다.

중요한 것은 사람과 사람이 말을 주고받거나 마음을 주고받는 것이니까요. 기분 좋게 어울려 지내는 데는 인사가 매우 중요하거든요.

활동 1 — 이럴 때는 어떤 인사를 하고 있는가?

1. 밖에 나갈 때는?

2. 집에 돌아왔을 때는?

3. 가족이 집에 돌아왔을 때는?

4. 식사하기 전에는?

5. 식사가 끝난 후에는?

6. 집에 손님이 왔을 때는?

7. 처음 보는 사람에게는?

8. 손님이 돌아가실 때는?

9. 친구 집에 놀러 갔을 때는?

10. 친구 집에서 놀다가 나올 때는?

11. 교무실에 들어갈 때는?

12. 교무실에서 나올 때는?

★ 답 예시 ★

1. 다녀오겠습니다. / 2. 다녀왔습니다. / 3. 다녀오셨어요. / 4. 잘 먹겠습니다. / 5. 잘 먹었습니다. / 6. 어서 오세요. / 7. 처음 뵙겠습니다. / 8. 또 오세요. / 9. 안녕하세요? 놀러 왔어요. / 10. 안녕히 계세요. 잘 놀다 가요. / 11. 실례하겠습니다. / 12. 실례했습니다.

활동 2 — 어제 누구에게 어떤 인사를 했는가? 괄호 안에 적어 보자.

	누구에게	인사
예) 아침	(아버지, 어머니, 선생님)	(잘 주무셨어요?, 안녕하세요?)
·점심	( )	( )
·저녁	( )	( )
·자기 전	( )	( )
·헤어질 때	( )	( )
·집으로 돌아와서	( )	( )
·감사 인사를 할 때	( )	( )
·식사 전	( )	( )
·식사 후	( )	( )
·용서를 구할 때	( )	( )

제1장
기회를 만드는 훈련

2 말을 걸 기회를 잡고 싶을 때

**엄마 심부름으로 채소 가게에 무를 사러 갔다.
그런데 주인아저씨가 몹시 바쁜지 쳐다보시지를 않는다.
이럴 때는 뭐라고 말을 걸면 좋을까?**

남에게 뭔가를 묻거나 누군가에게 말을 걸 때 사용하기 좋은 말을 기억해 두면 좋아요.

그냥 직접적으로 "무 주세요."라고 말해도 되지만, 부탁을 하거나 또는 부탁을 거절할 때 본론을 말하기 전에 앞에 붙이는 표현(=쿠션 언어)을 활용하여 이를테면 "죄송합니다만, 무 주세요!"라고 말하는 편이 훨씬 부드럽게 들립니다.

이런 '쿠션 언어'는 친구나 선생님, 가족에게 말을 할 때도 사용할 수 있습니다. 뭔가 부탁을 하거나 꺼내기 어려운 말을 할 때 사용해 보세요. 서로의 기분(감정)이 누그러져서 말하는 사람과 듣는 사람 모두 기분이 좋아집니다.

제1장 • 기회를 만드는 훈련

활동 1 — 돌려 말하는 표현을 사다리 타기 게임을 하듯 즐겁게 익혀 보자.

■ **누군가에게 뭔가를 물어볼 때**

사다리 타기 게임을 하듯 선을 쭉 그어서 해당 항목의 표현을 소리 내어 말해 본다.

- 죄송하지만……
- 실례지만……
- 죄송합니다만……
- 바쁘실 텐데 죄송하지만……
- 잠깐 말씀 좀 물을게요……
- 잠시 뭐 하나 여쭤 봐도 될까요……
- 부탁합니다……
- 미안합니다만……

> ❗ 밖에서 화장실을 찾거나 경찰 아저씨에게 길을 물을 때 등, 모르는 사람에게도 사용할 수 있다!

> ❗ 본론을 말하기 전에 위와 같은 표현들을 붙여 주기만 해도 상대방의 태도가 상당히 달라진다. 이러한 '쿠션 언어'의 사용은 기분 좋은 커뮤니케이션에 도움이 된다.

활동 2 — 친구나 가족에게 말을 할 때도 쿠션 언어를 사용해 보자.

■ **뭔가를 부탁할 때**

- 미안! 정말 미안한데 가능하다면 ○○○○ 좀 해 줄래?
- 미안! 내 부탁 좀 들어줘.
- 급한 건 아닌데 나중에라도……
- 부탁할게!
- 해 줬으면 하는 일이 있는데.
- ○○ 해 주세요.
- 부탁이 있는데…….
- 지금 시간 괜찮아?
- 저기~, 부탁 좀 드려도 될까요?
- 뭣 좀 부탁해도 될까요?

제1장 기회를 만드는 훈련

3 처음 보는 사람과 얘기할 때

처음 보는 사람과 어떻게 대화를 하면 좋을지 모르겠다. 엄청 긴장이 된다. 제발이지 내게 말 좀 걸지 않기를~~!

한 번도 말을 해 본 적 없는 사람에게 말을 걸 때 두근두근 떨리기 마련입니다. 아마도 대부분의 사람이 그럴 거예요.

하지만 두근두근 떨리는 마음을 떨쳐 내고 용기 내어 말을 하다 보면 어느새 익숙해집니다.

두 번 세 번 반복하는 사이에 떨리는 마음은 사라지고 아무렇지 않게 말할 수 있게 되지요. 그러므로 평소 여러 사람과 대화를 나눠 보세요. 사람 일은 모르는 거니까요. 혹시 알아요. 길을 잃고 헤매거나 아무나 붙잡고 길을 물어봐야 하는 상황이 벌어질지도.

"난 못할 거야."하고 마음에 벽을 쌓지 말고, 자꾸 여러 사람과 얘기하는 기회를 가져 보세요.

활동 1
다음의 누구랑 말을 할 수 있는지, □에 체크 표시를 해 보자.

예) ☑ 아빠, 엄마, 형제자매
□ 할아버지, 할머니, 삼촌, 숙모
□ 친한 친구
□ 담임 선생님, 교장 선생님, 양호 선생님
□ 취미 교실 선생님, 학원 선생님
□ 부모님 친구
□ 형제자매의 친구
□ 별로 말해 본 적 없는 친구
□ 부모님의 회사 동료
□ 친구의 부모님
□ 편의점이나 슈퍼마켓 점원
□ 경찰 아저씨
□ 이웃에 사는 사람
□ 역무원
□ 의사 선생님, 간호사 선생님
□ 도서관 사서 선생님

활동 2
다음에 관한 얘기를 잘할 수 있을까?

□ 친구에 관한 얘기나 학교에서 있었던 일
□ 친구에게 같이 놀자는 얘기
□ 공부하다가 모르는 것이 있을 때 물어보기
□ 몸 상태가 좋지 않다는 얘기
□ 길 묻기
□ 학원이나 취미 교실에 사정이 생겨서 출석하지 못한다는 연락
□ 버스나 지하철을 탈 때 본인이 가려는 목적지에 서는지 물어보기

제1장 기회를 만드는 훈련

4 누군가와 친구가 되고 싶을 때

오늘부터 새 학년 새 학기가 시작된다.
반도 바뀌고 친구들도 바뀌었다.
친구 사귀고 싶은데, 어떻게 말을 걸면 좋을까?

여러분은 친구를 사귈 때 어떻게 하나요? 누가 자신에게 말 걸어 주기를 기다리나요? 그것도 하나의 방법일 수 있습니다.

그래도 용기 내어 먼저 말을 걸어 보는 것은 어떨까요?

예를 들어,

"그 샤프 귀엽다. 어디서 샀어?"

"너는 무슨 프로그램 좋아하니?"

하고 물어봤다면 그다음엔 자신에 관한 얘기를 해 줍니다. 그러면 상대방도 분명 관심을 갖고 말을 하거든요.

그리고 친구를 사귈 때 중요한 것은 첫인상입니다. 방긋방긋 잘 웃고 밝은 느낌을 주는 사람에게는 말을 걸기가 편하잖아요. 그러므로 상대방이 자신에게 말을 걸기 쉽도록 하는 것도 중요해요.

활동 1 계기가 되는 말을 생각해 보자.

■ 소지품에 관한 얘기 등, 일상적인 화제
　예) 그 샤프 귀엽다. 어디서 샀어? 그 운동화는 어디서 파니?
　·
　·

■ 공통점을 찾을 수 있는 질문
　예) 어느 동네 살아? 어떤 만화 좋아하니?
　·
　·

■ 자신에 관한 얘기
　예) 난 ○○ 좋아하는데. 난 요즘 ○○하고 있어.
　·
　·

■ "○○하자"하고 권유하기
　예) "오늘 나랑 같이 놀래?" "집에 갈 때 같이 갈래?" "○○하지 않을래?"
　·
　·

활동 2 이럴 때는 뭐라고 말할까?

· 무리에 끼워 줬으면 싶을 때

· 소풍 가서 도시락을 함께 먹고 싶을 때

· 하굣길에 같이 돌아가고 싶을 때

· 같이 수영장 가고 싶을 때

· 같이 쇼핑하러 가고 싶을 때

5 화해하고 싶을 때

**친구랑 다퉜는데 화해하고 싶다.
뭐라고 말하면 좋을까?**

마음은 화해하고 싶은데 좀처럼 못하는 경우가 많습니다. 혹시라도 무시당하면 어쩌나 싶기도 하고, 괜히 멋쩍기도 해서 아무튼 기회를 잡기가 쉽지 않지요.

어른의 경우도 마찬가지입니다. 아빠와 엄마가 다투셨을 때를 생각해 보면 화해하는 게 쉽지 않아 보이잖아요.

그래서 좋은 방법을 한 가지 소개할까 해요. 바로 '화해를 위한 계기 만들기 작전'입니다.

　　예시 ❶ 웃는 얼굴 작전
　　예시 ❷ 먼저 진심으로 사과하는 작전
　　예시 ❸ 편지나 메일을 보내는 작전
　　예시 ❹ 다른 친구에게 화해의 자리를 만들어 달라고 부탁하는 작전
　　예시 ❺ 시간 두기 작전

그럼 이제 화해하고 싶은 친구가 있는 사람은 작전을 개시하세요!

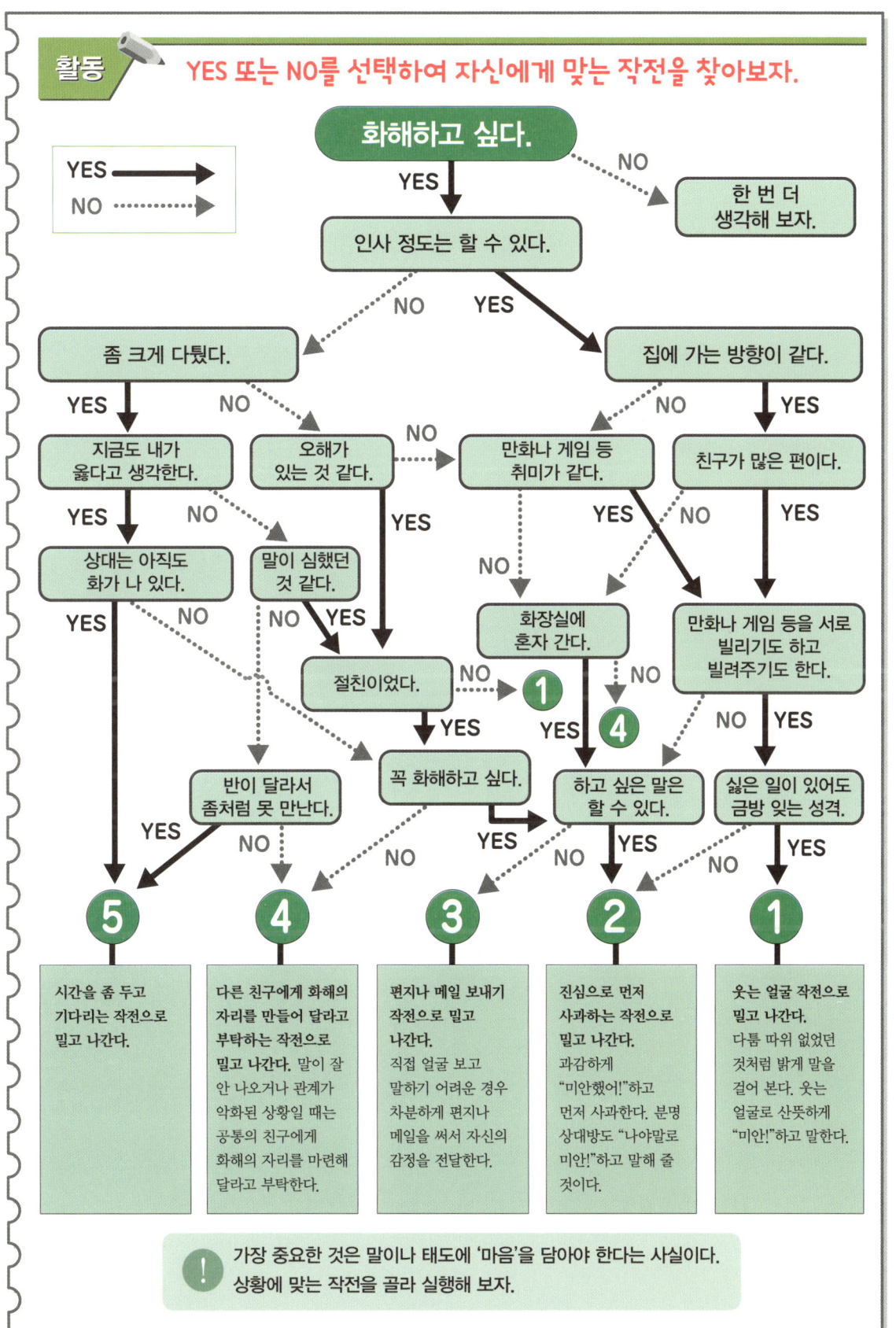

입 풀기 훈련! 잰말 놀이로 발음 연습

목소리가 작거나 우물거리는 말투로 말하면 상대방에게 제대로 전달이 안 된다. 그러므로 정확하고 또렷한 말투로 또박또박 얘기할 수 있도록 입 풀기 연습을 해 보자!
예를 들어 '아' 발음이나 '오' 발음의 경우는 가능한 한 입을 세로로 크게 벌린다.

■ **잰말(빠른 말) 놀이 예시**

저기 저 뜀틀이 내가 뛸 뜀틀인가, 내가 안 뛸 뜀틀인가?
저기 있는 말뚝이 말 맬 말뚝이냐, 말 못 맬 말뚝이냐?
저기 계신 저분이 박 법학박사이시고 여기 계신 이분이 백 법학박사이시다.
내가 그린 기린 그림은 목이 긴 기린 그림인가 목이 안 긴 기린 그림인가?
네가 그린 기린 그림은 못 그린 기린 그림이고 내가 그린 기린 그림은 잘 그린 기린 그림이다.
내가 그린 구름 그림은 새털구름 그린 구름 그림이고, 네가 그린 구름 그림은 깃털 구름 그린 구름 그림이다.
경찰청 철창살은 외철창살이냐, 쌍철창살이냐?
경찰청 철창살은 외철창살이고 검찰청 철창살은 쌍철창살이다.
경찰청 철창살이 쇠 철창살이냐, 철 철창살이냐?
정말 정말 절망스런 종말
옆집 팥죽은 붉은 팥죽이고 뒷집 콩죽은 검은 콩죽이다.
들의 콩깍지는 깐 콩깍지인가, 안 깐 콩깍지인가? 깐 콩깍지면 어떻고 안 깐 콩깍지면 어떠냐?
깐 콩깍지나 안 깐 콩깍지나 콩깍지는 다 콩깍지인데.
간장 공장 공장장은 장 공장장이고 된장 공장 공장장은 강 공장장이다.
작년에 온 솥 장수는 새 솥 장수고, 금년에 온 솥 장수는 헌 솥 장수다.
뽕나무 숲의 뽕나무는 뽕뽕 방귀 낀 뽕나무인가, 뽕뽕뽕 방귀 뀐 뽕나무인가?
상표 붙인 큰 깡통은 깐 깡통인가, 안 깐 깡통인가?
산골 찹쌀 촌 찹쌀 갯골 찹쌀 햇 찹쌀
동해바다 철썩 철썩 철찰싹

제 2 장

감정을 표현하는 훈련

제2장 감정을 표현하는 훈련

6 상대방의 기분을 알고 싶을 때

**엄마의 미간(눈썹과 눈썹 사이)에 주름이!!
뭐지!! 이 불길한 예감은…….
내가 무슨 잘못이라도 했나?**

커뮤니케이션을 할 때 중요한 것은 상대방의 기분을 생각하는 것입니다. 그 사람이 지금 어떤 기분인지, 이를테면 기쁜지, 슬픈지, 외로운지……. 왜냐하면 상대방의 기분에 따라 말을 거는 방법이 달라지거든요. 왠지 불길한 예감이 스칠 때는 눈치 없이 "엄마, 게임기 사 줘요!"와 같은 말은 절대 하지 마세요.

상대방의 기분은 얼굴 표정, 목소리, 태도를 통해 알아차릴 수 있어요. 하지만 때때로 슬픈 기분으로 웃기도 하고 기쁜데 무서운 표정을 짓는 경우도 있답니다.

그러므로 "만일 내가 ○○한 상태라면 무슨 생각을 할까?"하고 상상력을 발휘하는 것이 필요합니다.

 **다음 그림의 친구들 기분을 생각해 보자.**

◎ 이 친구는 어떤 기분일까?
· 그렇게 생각한 이유는?
· 만일 본인이라면 어떨 때 이런 기분이 들 것 같은가?

◎ 이 친구는 어떤 기분일까?
· 그렇게 생각한 이유는?
· 만일 본인이라면 어떨 때 이런 기분이 들 것 같은가?

◎ 이 친구는 어떤 기분일까?
· 그렇게 생각한 이유는?
· 만일 본인이라면 어떨 때 이런 기분이 들 것 같은가?

◎ 이 친구는 어떤 기분일까?
· 그렇게 생각한 이유는?
· 만일 본인이라면 어떨 때 이런 기분이 들 것 같은가?

 **주변 사람의 기분에 대해서 생각해 보자.**

〔그 사람의 이름〕

어떤 기분일 것 같은가?

〔그 사람의 이름〕

어떤 기분일 것 같은가?

7 뭐라고 말하기가 애매하다 싶을 때

제2장 감정을 표현하는 훈련

**현장 체험 학습을 다녀오면
엄마가 "재밌었니?"하고 물어서 곤란하다.
뭐라고 말하기가 애매하달까!**

뭐라고 말해야 좋을지 모를 때가 있습니다. 엄마에게 굳이 말하고 싶지 않은 기분일 때도 있고 설명하기 귀찮을 때도 있을 수 있지요. 그래도 조금이라도 좋으니 '자신이 느낀 점'을 말로 표현해 보세요. 대체로 좋은 일과 나쁜 일이 섞여 있어서 잘 모르겠다 싶은 경우도 있고, '재미있었다는 마음'과 '재미없었다는 마음'이 다 있을 수도 있으니까요.
꼭 한마디로 표현하지 않아도 괜찮아요. 예를 들면 "○○는 재밌었다." "△△는 별로였다."와 같이 구분해서 말해도 좋습니다.

제2장 • 감정을 표현하는 훈련

활동 1

마음속을 들여다보고 기분을 표현해 보자.

① 자신의 기분은 어디쯤인지? ⬭ 안에 적어 보자.

② 재미있었던 일은 무엇인지? 재미없었던 일은 무엇인지?
  생각나는 것을 적어 보자.

예) 현장 체험 학습

① ← 재미있었다 | 재미없었다 →

자신의 기분

②
- 벨트 컨베이어가 움직이는 모습이 신기하고 재미있었다.
- 주스를 나눠 주었다.
- 친구랑 과자 바꿔 먹기.
- 버스 안에서 노래 부르기

- 장난을 쳐서 선생님께 꾸중 들었다.
- 많이 걸어서 힘들었다.

활동 2

가족 나들이, 운동회, 학예회, 소풍 때를 떠올려 활동 1과 같이 자신의 기분을 표현해 보자.

← 재미있었다 | 재미없었다 →

❗ 자신의 기분은 어디쯤일까?

8 기쁠 때♪

종례 시간에 한 남자아이가 선생님께 나에 관해서 거짓으로 일러바쳤다. 그러자 뒷자리의 미나가 "선생님 그게 아니에요."하고 나를 감싸 주었다. 매우 기뻤다.

그래요. 기뻐할 만한 일이네요♪
그런데 마음속으로만 '기쁘다' '고맙다' 생각하고 입 다물고 있으면 상대방은 그 마음을 모릅니다. 말을 해 줘야죠. "내 맘 알겠지."하는 것은 혼자만의 착각일 수 있어요.
"나 대신 선생님께 말해 줘서 기뻤어. 고마워."하고 확실하게 표현해야 그런 마음이 상대방에게 전달됩니다. 쑥스러울 수도 있겠지만 입장을 바꿔 본인이 그런 말을 듣는다면 기쁠 것 같지 않나요?
기쁘다는 마음을 전하면 상대방에게도 전염되어 그 기쁨이 두 배가 되므로 꼭 실천해 보세요.

활동 | '고맙다!'는 마음을 어떻게 표현하면 좋을까?

◎ 다음 중에서 좋아하는 전달 방식을 골라 ○표시를 한다. (복수 선택 가능)

악수하기 　 웃어 주기 　 하이 파이브

편지 쓰기 　 고개 숙여 고마움을 표시 　 V 포즈 취하기 　 문자 보내기

★ 세계 여러 나라의 '고맙다'는 표현! ★

감사합니다! / 고맙습니다! (한국어)
땡큐! (Thank you!) (영어)
메흐씨! (Merci!) (프랑스어)
그라찌에! (Grazie!) (이탈리아어)
당케! (Danke!) (독일어)
그라시아스! (Gracias!) (스페인어)
탁! (Tak!) (덴마크어)
당뀌! (Dank U!) (네덜란드어)
탁! (Tack!) (스웨덴어)
키이토스! (Kiitos!) (핀란드어)
에피크하리스토! (Evhkhahreesto!) (그리스어)

탁! (Takk!) (노르웨이어)
오브리가아도! (Obrigado!) (포르투갈어)
스빠시이바하! (Spahseebah!) (러시아어)
캅쿤캅! (Kahp Kun Kahp!) (태국어)
쎄쎄! (谢谢!) (중국어)
아리가토 고자이마스! (ありがとうございます!) (일본어)
슈크란! (Shu Krahn!) (아랍어)
떼리마 까시! (Terima Kasih!) (말레이·인도네시아어)
슈크리아! (Shu Cria!) (인도어)
씬 다 따! (Xin đa tạ!) (베트남어)

9 왠지 찜찜할 때

**뭣 때문인지는 잘 모르겠지만,
오늘따라 괜히 찜찜하고 답답한 기분이다.**

왠지 찜찜한 기분인데 도대체 뭣 때문인지 자신의 기분을 잘 알 수 없을 때가 있습니다. 마음에는 여러 가지 감정이 뒤섞여 있어서 한 마디로 표현한다는 것 자체가 쉬운 일이 아니지요. 그런 '어지러운 마음속=찜찜한 상태'를 정리해 보면 미처 몰랐던 자기 자신의 감정이 보이기 시작합니다.

'거미줄 차트(방사형 차트)'라는 편리한 방법을 활용해 자신의 마음속을 정리해 보세요.

활동 : 찜찜한 감정을 종이에 적어서 머릿속을 정리해 보자.

■ '거미줄 차트' 그리는 방법

① 먼저 처음에 종이 한가운데에 ○를 그리고 그 안에 주제를 적는다.
머릿속에 떠오르는 것을 단어든 기분이든 상관없으니 종이에 적어 보자.

② 종이에 적어 놓은 말에서 연상되는 말을 선으로 연결하면서 계속 적어 나간다.

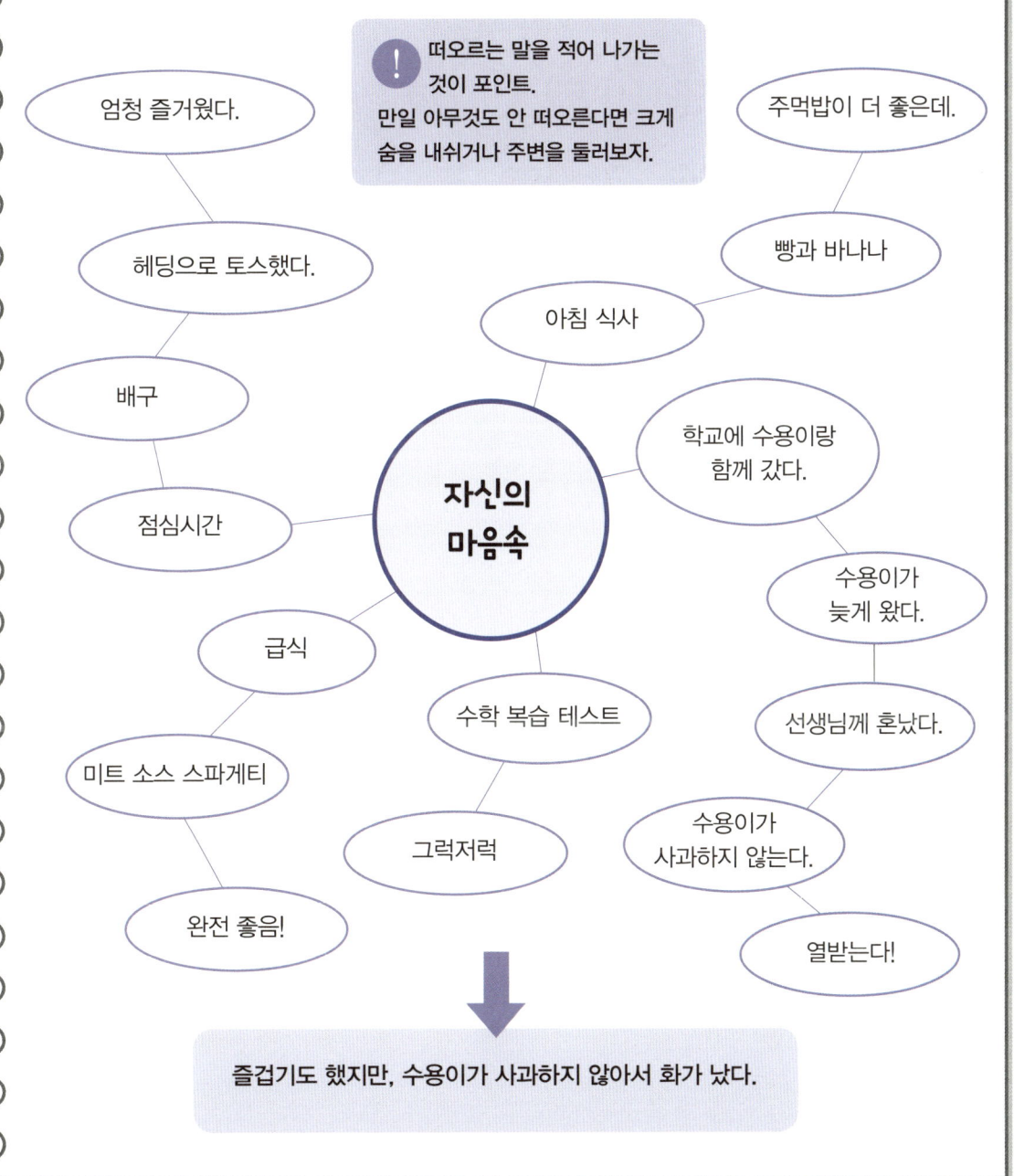

★ 제2장 ★
감정을 표현하는
훈련

10 놀림을 받아서 속상할 때

**안경 낀 나를 보고 같은 반 남자아이가
"야~~아~, 안경원숭이!"라고 부르며 놀린다.**

신체적인 특징을 트집 잡아 놀리는 친구에게 "뭐~라고! 그러는 넌 ○○ 같아!"하고 세게 받아칠 수 있는 사람은 별로 없습니다. 그럴 수 있었으면 싶겠지만, 그러지 못하는 것은 마음이 착해서지요.
마음이 착한 친구는 "내가 정말 보기 흉해서 저런 말을 듣는 거겠지."하고 자기 자신을 나무라거나 부끄럽다고 생각해 버리는데, 절대 그렇지 않아요.
놀리는 친구가 나쁜 거랍니다!
결코 자신을 부끄럽게 생각할 필요가 없습니다.
자신을 나무라서는 안 돼요.
스스로 자신의 편이 되어 주세요!

제2장 • 감정을 표현하는 훈련

활동 자신의 편이 되어 주는 훈련

◎ 거울 앞에 서서 거울 속의 자신을 바라보며 큰 소리로 말해 보자.
그 말을 본인 귀로 직접 듣는 것이 중요하다.

- 이만하면 괜찮아.
- 이렇게 괜찮은데 그걸 모르다니~~.
- 전혀 이상하지 않아.
- 똑똑해 보이는걸!
- 안경 끼는 거 요즘 유행이거든.
- 나 진짜 ○○(안경 낀 인기 아이돌) 닮은 것 같지 않아?

- 살 빠지면 오히려 나답지 않을 것 같아.
- 나 같은 스타일을 '편안한 타입'이라고들 하지.
- 인상이 착해 보이잖아.
- 마음도 태평양처럼 넓을 것 같잖아.
- 딴 애들이 너무 마른 거라고!!
- 통통한 것도 나쁘지만은 않다고.
- 멋지지 않아?

- 신경 안 써!
- 지금은 성장기잖아. 다 크려면 한참 남았는데 뭐. (중학교, 고등학교 가서도 자라니까).
- 이만하면 귀엽잖아!
- 밸런스가 좋으니까 스타일이 좋잖아!!
- 작은 고추가 매운 법이라고.※
- 성장이 좀 더딘 편이 나중에는 더 많이 큰다던데.
- 역사적으로 절세 미녀들은 모두 아담한 사이즈였다고.
- 중요한 건 마음의 크기야.

※몸이 작아도 재능이나 솜씨가 결코 뒤지지 않는다는 의미

11 사이좋게 지내는 친구가 괜히 짓궂게 놀릴 때

제2장 감정을 표현하는 훈련

**사이좋게 지내는 무리 친구들이
웃으면서 등짝이나 머리를 세게 치거나
뒤에서 갑자기 발로 차고는 장난이었다고 한다.**

이런 일을 당했을 때 솔직히 어떤 기분인가요? 싫고 화가 나요, 아니면 아무렇지 않은가요? 친구들의 그런 행동을 어떻게 받아들이느냐는 사람마다 다를 수 있어요. 대수롭지 않게 생각하는 사람이 있는가 하면 싫다는 생각을 하는 사람도 있기 마련이죠. 그럴 때는 자기 마음에 물어보세요. 그리고 정말 싫다면 친구에게 "하지 마!" "싫다니까!"하고 말해야 합니다. 이유나 자세한 얘기는 나중에 하더라도 일단은 바로 그 순간에 주위 사람들에게도 다 들릴 정도로 큰 목소리로 분명하게 말해야 합니다.
싫다는 본인의 의사를 분명하게 밝혀서 짓궂게 구는 친구들뿐 아니라 주변 모두가 알도록 하는 것이 중요해요.

활동 1   자신의 진짜 기분은 어떤가?

· 친구랑 사이가 틀어지는 건 싫으므로 참는다. (예 / 아니오)

· 모두와 사이좋게 지내고 싶으므로 신경 안 쓰는 척한다. (예 / 아니오)

· 가끔 싫을 때도 있지만 참을 만하다. (예 / 아니오)

· 모두 즐거워하니까 그것으로 됐다고 생각한다. (예 / 아니오)

· 친구와의 좋은 관계를 깨고 싶지 않다. (예 / 아니오)

· 외톨이가 될까 봐 무섭다. (예 / 아니오)

· 분위기 메이커 역할도 나쁘지 않다고 생각한다. (예 / 아니오)

◎ '예'가 많다면 다른 사람들을 신경 쓴다는 뜻이다. 그런데 도저히 참을 수 없을 때는 본인의 감정을 확실하게 전달해야 한다. '활동 2'를 통해 훈련해 보자.

활동 2   '마음을 강하게 하는 훈련'. 미리 예행연습을 해 보자.

◎ 집이나 아무도 없는 곳에서 큰 소리로 말한다. 가능한 한 뱃속 깊은 곳에서 소리를 낸다는 생각으로 천천히 말해 보자. 아무도 없는 곳에서 충분히 연습해 두자.

"하지 마!"
"싫다니까!"
"나한테 왜 이래?!"
"왜 그런 짓을 하는 거야?"

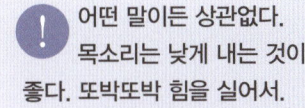

어떤 말이든 상관없다. 목소리는 낮게 내는 것이 좋다. 또박또박 힘을 실어서.

◎ 어떤 표정을 지으면 좋을지, 거울을 보면서 연습하자.

실없는 표정으로 장난치는 것처럼 보이면 다시!
'진지한 표정'으로 말하는 연습을 한다.

◎ 실제로 성공했을 때의 모습을 머릿속으로 그려 본다.

◎ 만일 용기 내어 분명하게 말했는데도 친구의 태도가 달라지지 않는다면 어른(가장 신뢰하는 사람)과 의논한다.

12. 다른 사람에게 맞추는 것이 힘들어졌을 때

제2장 감정을 표현하는 훈련

> 영철이가 수영 교실 탈의실에서 1,000원을 줍더니 그 자리에 같이 있던 애들에게 "이따 집에 갈 때 이걸로 쏠게!"하고 말했다. 아무도 뭐라는 사람이 없어서 나도 결국 껌 한 개를 받고 말았다. 탈의실에 떨어져 있던 거라면 수영 교실에 다니는 누군가가 잃어버린 것일 텐데……. 코치 선생님께 말했어야 하는 거 아닐까?

무심코 "이까짓 거 뭐 어때…….", "다른 애들이랑 같이 행동하지 않으면 혼자 착한 척한다는 소릴 들을지도 몰라……."하는 마음이 들었나 보네요.
으~음~, 그렇군요. 그래도 왠지 기분이 찜찜하다면 자신의 진짜 마음을 잘 생각해 보세요.
"이러면 안 되는데…….", "이건 아니야."하는 생각이 들었다면 비록 혼자라도 꿋꿋이 이겨 내는 '용기'를 가져야 합니다.

활동 — 혼자여도 괜찮은 용기, 가지고 있을까?

◎ 해당하는 번호에 ○를 쳐 보자.

1. 혼자서 버스(또는 지하철)를 탈 수 있다.
2. 혼자서 집 보기를 할 수 있다.
3. 아는 사람이 없는 모임(스포츠 캠프 등)에 참가할 수 있다.
4. 혼자 양호실에 갈 수 있다.
5. 친한 친구가 다른 애랑 놀아도 속상하지 않다.
6. 친구가 같이 놀자고 해도 할 일이 있을 때는 "오늘은 안 되겠네."하고 거절할 수 있다.
7. 혼자서라도 반대 의견을 말하는 친구가 멋있다고 생각한다.
8. '친구는 친구, 나는 나'라고 생각한다.
9. 모두가 안다고 말해도 내가 모르는 것은 "모른다."라고 말할 수 있다.
10. 사람은 다 다르기 때문에 당연히 생각이나 의견이 다를 수 있다고 생각한다.

◎ ○표시를 한 것은 몇 개?

○표시가 0~3개면

살짝 외로움을 타는 편이다.

혼자서라도 조금씩 여러 가지를 할 수 있게 되도록 노력하자.

○표시가 4~6개면

혼자라도 제법 씩씩하게 있을 수 있는 편이다.

조금만 더 힘을 내어 자신이 할 수 있는 것에서부터 시작해 보자.

○표시가 7~10개면

혼자여도 괜찮은 용기를 가지고 있다. 지금처럼 앞으로도 씩씩하게 힘내자!

제2장 감정을 표현하는 훈련

13 무시하는 쪽이 되어 버렸을 때

가영이가 수미랑 얘기하지 말라고 해서
모두가 무시하고 있다.
그런데 난 사실 수미를
싫어하지 않는데.

모두 이런 경험 가지고 있을 텐데, 이때 어떤 생각이 들던가요? 자기 마음을 한번 잘 생각해 보세요. 그리고 만일 자신이 수미와 같은 입장이라면 기분이 어떨 것 같나요? 또, 반대로 만일 가영이라면 어떤 마음일 것 같아요?
본인의 입장도 있을 테지만, 그래도 비록 자기 혼자만이라도 누군가를 지켜봐 주는 사람이 되기는 어려운 걸까요?

활동 — 상상해 보자.

◎ 수미의 입장에서 상상해 보자.

어떤 기분일까?
-
-
-
-

◎ 가영이의 입장에서 상상해 보자.

어떤 기분일까?
-
-
-
-

◎ '나'의 입장에서 상상해 보자.

어떤 기분일까?
-
-
-
-

◎ 비록 자기 혼자만이라도 수미 같은 친구를 지켜봐 주는 사람이 되려면 어떻게 하면 될까?

자신이 할 수 있는 일은 없을까?
-
-
-
-

14 화가 치밀 때

○○○ 때문에 화가 치밀었다.
한 대 치려고 주먹을 꽉…….

갑자기 화가 나면 참지 못하고 손발이 먼저 반응하나 봐요.
으음~, 그렇군요.
그런데 혹시 그거 알아요? 갓난아기는 생각대로 느낀 대로 울음을 터뜨린다는 사실. 맞아요. 참지를 못하지요. 하지만 점점 커 가면서 자기 자신을 제어할 수 있게 됩니다.
여러분도 이제 어엿한 초등학생이니 '화가 난 기분' 등의 감정을 조절할 수 있어야 해요.
화가 치밀어 참을 수 없을 때 화를 가라앉히기 좋은 방법으로 다음 두 가지가 있습니다.
❶심호흡을 한다.
❷사람이 아닌 다른 것에 화를 푼다.
절대로 사람에게 화풀이를 해서는 안 돼요. 욱하고 화가 치밀 때는 소개한 방법으로 화를 조절해 보세요.

활동 1 - 화를 가라앉히는 훈련

◎연습해 보자!

- 1, 2, 3, 4, 5…… 가능한 한 천천히 센다.
- 숨을 깊이 들이마셨다가 천천히 내쉰다.
- 그 장소에서 멀어진다.
- 머릿속에서 화를 덮는 생각을 떠올려 본다.
- 물을 한 컵 마신다.

활동 2 - 감정을 토해 내는 훈련

◎감정을 토해 내는 좋은 방법

- 전속력으로 힘껏 달린다.
- 축구공을 뻥~ 차 본다.
- 큰 소리로 외쳐 본다. (실컷 우는 것도 좋다.)
- 헌 신문지를 마구 말거나 찢는다.
- 베개나 쿠션을 마구 때린다.
  (화가 풀릴 때까지 실컷 두드려 보자.)
- 공책이나 종이에 떠오르는 생각을 적어 본다.
  (나중에 읽어 보면 의외로 재미있다.)

활동 3 - 참을성의 한계점 찾기

◎화를 못 참고 욱하게 된 원인이 무엇이었는지 적어 보자.

자신의 한계점을 알아 두면 냉정해질 수 있다.

예) 아침에 졸려 죽겠는데 억지로 깨웠을 때

.
.
.
.

15 "어차피 나는……"하고 생각했을 때

제2장 감정을 표현하는 훈련

**언니는 똑똑해서 뭐든 잘한다.
엄마랑 아빠는 툭하면
언니와 나를 비교한다.
어차피 나는…….**

이럴 땐 슬프기 마련입니다. 외롭기도 하고 속상하기도 할 거예요. 그런데도 전혀 티 내지 않고 아무도 알아차리지 못하도록 괜찮은 척하고 있지는 않나요? 마음이 아프고 힘들다면 굳이 그런 감정을 지우려고 애쓰지 않아도 돼요. 그런 마음을 갖는 것 역시 자기 자신이니까.

눈물이 나오면 실컷 울어도 괜찮습니다.

그리고 정말로 힘들 때는 누군가에게 그런 마음을 털어놓아 보세요. 그러면 마음이 한결 가벼워지거든요.

제2장 • 감정을 표현하는 훈련

활동 1 : 지금 현재의 마음 상태는 어떤 느낌? 다음 중에 있을까?

◎ 자신의 기분을 그림으로 나타내 보자.

활동 2 : 자신의 기분을 글로 적어 보자.

.
.
.
.

종이에 써 내려가다 보면 마음이 차분해지고, 나중에 읽어 보면서 정리하기도 쉽다. 게다가 마음이 안정된 후에 다시 생각해 보면 별일 아니었구나 싶은 생각도 든다.

★ 주변에 고민을 상담할 수 있는 사람이 없을 때는…… ★

청소년 상담 1388 → https://www.cyber1388.kr:447/

상담 전화 → 국번 없이 1388(또는 110)

칭찬 훈련! 칭찬 전문가가 되자

칭찬을 받으면 누구나 기쁘기 마련이다. 친구의 장점이나 특기를 있는 그대로 솔직하게 칭찬할 줄 아는 사람은 누가 봐도 멋있다. 조금 쑥스러울 수도 있겠지만, 누군가 대단하다 싶거나 칭찬받을 만한 행동을 했다면 그 감정을 얼굴 표정 또는 몸짓 등으로 표현해 보자. 그리고 자신은 어떤 칭찬을 받으면 기쁠 것 같은지도 생각해 보자.

■좋아하는 칭찬 표현에 ○를 쳐 보자. 그리고 오늘 중으로 사용해 보자!

우와아~~!!	잘했어!!	대단해~~!
좋겠구나!	멋져!!	굉장해!
완전 짱!!	열심히 했구나!	해냈네!
축하해!	앞으로도 힘내!	굿!!
오~예~~!	근사하네!	아주 좋아!
잘하네~~!	역시!!	최고야!

제 3 장

알기 쉽게 말하는 훈련

16 겉모습이나 분위기를 설명할 때

우리 집에서 조그만 강아지를 키우게 되었다.
친구에게 말할 때
뭐라고 말하면 좋을까?

"강아지 키우게 됐어."
"어떤 강아지인데?"
"엄청 귀여운 강아지야!!"
이렇게 말하면 상대방이 이해할 수 있을까요? '엄청 귀엽다'는 설명으로는 어떤 강아지인지 짐작할 수 없습니다.
'엄청 귀엽다'라는 말에서 떠올리는 이미지는 사람마다 다르므로, 강아지에 대한 설명으로 충분하지가 않아요. 상대방이 알 수 있도록 하려면 설명을 듣고 머릿속에서 이미지를 그릴 수 있도록 그림을 그리듯 말하는 것이 좋습니다.
·개의 종류·크기·색깔·털 상태·특징
이를테면 '미니 닥스훈트', '토이 푸들', '시바견' 등과 같이 듣는 상대가 머릿속에서 그림을 그릴 수 있도록 말해 보세요.

제3장 • 알기 쉽게 말하는 훈련

활동 1 두 사람이 한 조가 되어서 다음 그림을 말로 설명해 보자.

◎ 그림을 보여 주지 않은 상태에서 말로만 설명하자.
이미지가 잘 전달된 설명이었는지 그림과 비교해 본다.

예제)

개에 대한 설명 :

· 종류 ········ 푸들
· 크기 ········ 소형(손짓으로 크기를 표현해 봄)
· 색깔 ········ 흰색
· 털 상태 ········ 솜사탕처럼 풍성하다 / 부드럽다 /
　　　　　　　곱슬곱슬하다 / 짧다
· 특징 ········ 몸통이 길다 / 다리가 짧다

문제 1

문제 2

❗ 처음에는 '강아지', '여자', '가방' 등과 같이 큰 틀을 먼저 말한다(훈련 22 참고).
그런 다음 구체적으로 설명한다.

활동 2 설명대로 그릴 수 있을까?

◎ 그림 노래 놀이 '귀여운 요리사'

♪ 봉이 한 개 있었는데, 잎사귀일까?
잎사귀가 아니라 개구리라네.
개구리가 아니라 오리라네.
6월 6일에 비가 주룩주룩 내리더니
삼각자에 떨어져
팥빵이 2개, 콩이 3개.
쿠페빵 2개 주세요.
눈 깜짝할 사이에 귀여운 요리사 ♪

제3장 알기 쉽게 말하는 훈련

17 알기 쉽게 설명하고 싶을 때

**할아버지가
"피카츄가 뭐냐?"하고 물어보셨다.
어떻게 설명하면 좋을까?**

'피카츄'가 뭔지 전혀 모르시는 할아버지에게 설명할 때 어떻게 말하면 좋을까요?
"쥐처럼 생겼는데 색깔은 노랗고 귀가 길어요. 꼬리는 번개 모양처럼 들쭉날쭉하고요."라고 설명해 드리면 어떨까요? 할아버지가 알고 있는 것에 비유해서 설명하면 이해하기가 쉽습니다.
상대방을 이해시키는 방법 중 하나는 '○○ 같은', '○○처럼 생긴' 등의 표현을 사용해서 상대가 잘 알고 있는 것에 비유하는 것이에요. 상대방이 단번에 떠올릴 수 있는 것에 비유하는 것이 좋겠죠.
〈마루코는 아홉 살〉의 등장인물인 보보의 머리 모양을 '양파처럼 생긴'이라고 말하면 딱 알 수 있는 것처럼 말이에요. 또, 예를 들어서 '소프트 아이스크림 같은 구름'이라고 말하면 위쪽으로 뾰족하게 솟은 것 같은 흰색 구름이 머릿속에 떠올라 이해하기 쉽겠죠.

제3장 • 알기 쉽게 말하는 훈련

활동 1

다음 내용을 다른 말로 표현해 보자.

◎ 아빠의 커다란 배　　　　　　　　　　　　　　(　　　　　) 같다

◎ 아기의 보들보들한 뺨　　　　　　　　　　　　(　　　　　) 같다

◎ 삼촌의 부스스한 머리카락　　　　　　　　　　(　　　　　) 같다

활동 2

다음 (　　) 안에 들어갈 말을 적어 보자.

◎ ⬚ 안의 단어에서 선택해도 좋다.

- (　　　　　)처럼 바쁘다.
- (　　　　　)처럼 차갑다.
- (　　　　　)처럼 부드럽다.
- (　　　　　)처럼 따뜻하다.
- (　　　　　)처럼 크다.
- (　　　　　)처럼 넓다.

쿠션	아빠	두부
엄마	하늘	
손난로	바다	
얼음	봄바람	
솜사탕	아이스크림	
선생님	야구장	
목욕탕	꿀벌	곰

❗ 다른 표현도 생각해 보자!
◎ '○○할 정도로'라는 표현도 있다.
- 선생님께 칭찬받아서 소리를 지르고 싶을 정도로 기쁘다.
- 친구랑 싸워서 울고 싶을 정도로 괴롭다.
- 소풍을 가서 너무 많이 걸었더니 일어설 수 없을 정도로 피곤하다.

18 '크다'를 알기 쉽게 말하고 싶을 때

제3장 알기 쉽게 말하는 훈련

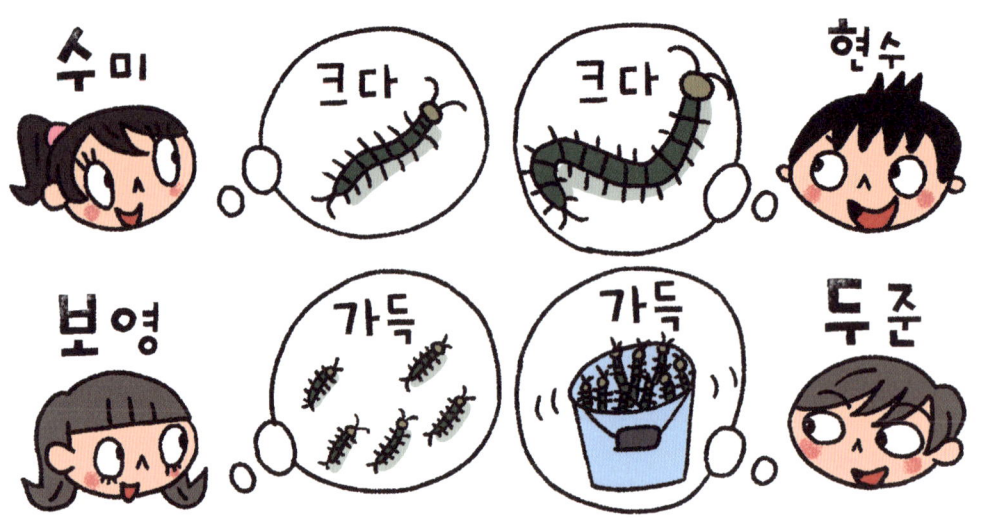

어제 공원에서 굉장히 큰 지네가 가득 있는 것을 봤다.

눈으로 본 것을 설명할 때 흔히 '굉장히 큰'이나 '가득'과 같은 표현을 쓰게 됩니다.

보통 이런 식의 표현을 많이 쓰는데 듣는 사람 입장에서는 이해하기가 어려워요. 왜냐하면 사람에 따라서 생각하는 크기나 양이 다를 수 있거든요.

그럴 때는 '숫자'를 사용해서 표현하면 좋습니다. 예를 들면

굉장히 큰 ⇒ '15cm 정도의 커다란 지네'

가득 있었다 ⇒ '10마리 정도 있었다'

위와 같이 숫자를 사용하면 실제 크기나 양을 짐작할 수 있으므로 머릿속에서 그려 보기가 쉬워요.

평소에도 '숫자'를 사용해서 말하는 습관을 가져 보세요.

활동 1

다음 문장 안에 있는 말을 숫자로 바꿔서 표현해 보자.

예) **커다란** 햄버거 → (15cm 정도)

- **다 함께** 놀았다 → (명이서)
- 오늘은 **공부를** 많이 했다 → (시간 정도)
- **오래전부터** 알고 있었다 → (년 전부터)
- **자주** 간다 → (한 달에   번 정도 / 1년에   번 정도)
- **옛날**부터 여기서 살았다 → (년 전부터 / 할아버지 대에서부터)

활동 2

자기 몸을 척도로 삼자.

팔꿈치에서 손목까지
(   )cm

손바닥을 쫙
폈을 때의 길이
(   )cm

키
(   )cm

양팔을 쭉
(   )cm

몸무게 (   )kg   발 크기 (   )cm

! 알아 두면 매우 편리하다!

제3장 알기 쉽게 말하는 훈련

19 '착각하나?' 싶을 때

**엄마에게 수지 얘기를 했는데
엄마는 아무래도 다른 애를 생각한 것 같다.
내가 아는 수지가 두 명이라서.**

이름이 같은 친구가 두 명 있을 때는 예를 들어 '같은 반 친구인 수지', '피아노 학원에서 만난 수지'와 같이 구분해서 말하는 것이 좋습니다. 그렇지 않으면 듣는 상대가 자신이 말하는 사람과 다른 사람을 생각할 수도 있으니까요. 말을 할 때는 자신의 말이 상대방에게 잘 전달되고 있는지를 생각하면서 말하는 것이 중요해요.

 **활동** ### 어떻게 말하면 상대방에게 잘 전달될까?

1. 엄마가 마트에 간다고 해서 "내가 좋아하는 과자 좀 사다 주세요!"하고 부탁했다. "알았어."하고 대답해서 한껏 기대하면서 기다렸는데 내가 좋아하는 게 아니어서 실망했다.
 · 뭐라고 말했어야 했을까?

2. 방과 후 "늘 만나는 곳에서 보자!"하고 약속했는데 친구가 약속 장소에 나타나질 않았다. 무슨 일이라도 생겼나 싶었는데 서로 다른 장소에서 기다렸던 것이다.
 · 뭐라고 말했어야 했을까?

3. "잘 챙겼지?"하고 말하기에 나는 '운동복'을 말하는 줄 알고 "챙겼어요."하고 대답했다. 그런데 엄마는 '우산' 얘기였다고 한다. 학교에서 돌아오는 길에 비를 쫄딱 맞고 말았다.
 · 뭐라고 말했어야 했을까?

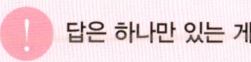 답은 하나만 있는 게 아니다.

★ 답 예시 ★

1. 예를 들면 "초코파이랑 포테이토칩 사다 주세요!"하고 과자 이름을 말한다. 엄마에게 "뭐 사 올 건데?"하고 확인하는 것도 좋다.
2. '늘 만나는 곳'이라고 하면 애매하다. '정문 앞'이나 '수돗가'와 같이 분명하게 만날 장소를 말하는 것이 좋다.
3. "뭘 말하는 건데?"하고 물어봤어야 했다. 엄마도 "우산 챙겼지?"하고 분명히 말했어야 했다.

20 정리해서 전달하고 싶을 때

제3장 · 알기 쉽게 말하는 훈련

캠프에 참가해서 매우 즐겁게 지내다 왔다.
엄마가 "어땠어?"하고 물어보셨는데,
여러 가지 일이 많이 있어서 뭐부터
말하면 좋을지 알 수 없었다.

할 얘기가 많을 때 좋은 방법으로 하나하나 순서대로 말하는 '넘버링'이라는 방법이 있습니다. 첫 번째, 두 번째, 세 번째……하고 차례를 매겨서 말하면 설명하기가 쉬워요.

"신나는 일이 많았는데, 첫 번째로는 물놀이. 신발 벗고 들어갔지만 결국 바지까지 흠뻑 젖어 버려서……."

이런 식으로 말하면 듣는 사람도 이해하기가 쉽습니다.

활동   '넘버링'을 이용해 설명해 보자!

◎ 아침에 일어나서 학교 가기 전까지 하는 일
　　1.
　　2.
　　3.
　　4.
　　5.

◎ 숲속 캠프에 가서 재미있었던 일 (학교 소풍, 가족 나들이 얘기도 좋다.)
　　1.
　　2.
　　3.
　　4.
　　5.

◎ 생일이나 크리스마스 때 받고 싶은 선물
　　1.
　　2.
　　3.
　　4.
　　5.

◎ 이번 학기 중에 해야 하는 일
　　1.
　　2.
　　3.
　　4.
　　5.

> ❗ 무슨 얘기를 시작하려고 할 때도 "하고 싶은 얘기가 두 가지 있는데, 하나는……."하는 식으로 말해 본다.

21 복잡한 것을 설명할 때

어제 이웃집에 빈집 털이 사건이 있었던 모양이다.
경찰 아저씨가 우리 집에 별일 없는지 물어보러 오셨다.
그러고 보니 조금 이상하다 싶은 일이 있었다.

다른 사람에게 어떠한 사실을 전달할 때는
A 그룹: '언제' '누가' '어디서' '무엇을 했다'
B 그룹: '어떻게' '왜'
라는 포인트를 짚어 주면 좋습니다. 먼저 전체적인 틀을 전달하는
A그룹이 이야기의 기본이 됩니다.
"어제저녁에 처음 보는 사람이 옆집 현관을 통해 나왔다."
　〈언제〉　　〈누가〉　　　〈어디서〉　〈무엇을 했다〉
여기에 B그룹의 포인트를 더합니다.
'어떤 옷을 입고 있었는지 / 키는 어느 정도인지 / 얼굴 특징' 등을
　　　　　　　　〈어떻게〉
설명하는 것이죠(훈련 16도 참고하세요).
왜 이상하다는 생각을 했는지 그 이유도 말할 수 있어야 해요.
'자신이 생각한 점'을 더하면 이해하기 쉬운 설명이 됩니다.
　〈왜〉

활동 1 다음 그림을 보고 설명해 보자.

언제? →

누가? →

어디서? →

무엇을 했나? →

어떻게 (어떤 모습)? →

왜 (생각한 점)? →

활동 2 다음과 같은 상황일 때는 어떻게 보고하면 좋을까?

◎ 학교에서 선생님께 자율 학습 시간의 상황을 보고하기.

◎ 어린이위원회의 활동에 대해서 보고하기.

22 상대방이 이해하기 쉽도록 전달하고자 할 때

제3장 알기 쉽게 말하는 훈련

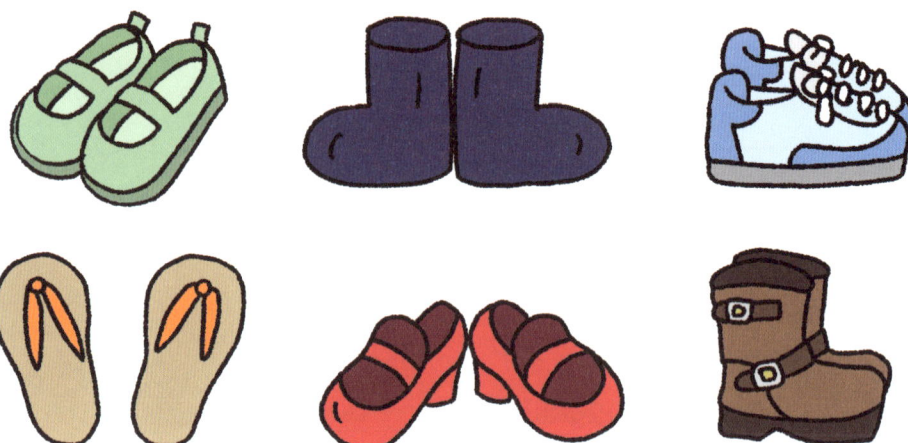

**엄마와 함께 신발을 사러 갔다.
엄마가 "네가 신을 신발이니까,
어떤 게 좋은지 네가 말해 보렴."하고 말씀하셨다.
가게 아저씨에게 뭐라고 말하면 좋을까?**

말하기 전에 뭘 전달하고 싶은지를 마음속으로 정해 둡니다. 자신이 어떤 신발을 원하는지. 예를 들면 '흰색 바탕에 파란색 선이 들어간 것, 사이즈는 21cm.'와 같은 구체적인 내용을 말이죠. 그리고 말할 때는 이야기의 순서라는 게 무척 중요합니다.

전체적인 설명 ⇒ 구체적인 설명

자신이 뭐에 대해서 말하려고 하는지 전체적인 내용을 처음에 말해 두면 상대방은 '아…, 이제 ○○에 대한 얘기를 시작하겠구나!'하고 들을 준비를 할 수 있어요. 이 경우에는 "스니커를 좀 보여 주세요."가 전체적인 내용이 됩니다. 그다음은 구체적인 설명을 하면 됩니다. 평소에도 "○○하고 싶은데요."와 같이 처음에 전체적인 내용을 생각한 후에 말을 시작하면 좋습니다.

활동 다음과 같은 상황일 때는 어떻게 말할까?

◎ 옷을 사러 백화점에 갔다. 폴로셔츠와 청바지를 사고 싶은데…….

전체적인 설명 →

구체적인 설명 →

◎ 대형 서점에 갔다. 그림책을 사고 싶은데…….

전체적인 설명 →

구체적인 설명 →

◎ 지하철역에서 지갑을 잃어버렸다. 역무원 아저씨에게 뭐라고 설명하면 좋을까?

전체적인 설명 →

구체적인 설명 →

23 길 안내를 할 때

사촌 누나가 지하철역에서 집까지 가는 길을 알려 달라고 한다. 어떻게 설명하면 좋을까?

누군가에게 길을 설명해 본 적 있나요? 자신이 항상 다니는 길, 잘 아는 길이지만 설명하려면 의외로 어렵습니다. 본인에게 너무나 당연한 것에 대해서는 보통 신경을 잘 안 쓰기 마련이거든요.

자신이 매일 다니는 길을 처음 가는 길이라고 생각하며 주변을 둘러보면서 걸어 보면 다른 사람에게 설명하기가 쉬워집니다.

◎길 안내 포인트

❶ 처음에 어디서부터 어디까지를 안내하는지 전달한다.

❷ 전체적인 정보로서 '걸어서 몇 분 정도' 또는 '몇 미터 정도'와 같은 정보를 전달한다.

❸ 길을 가다가 꺾어야 하는 모퉁이 등의 표식이 될 만한 것이나 신호등을 몇 개 지나서와 같은 식으로 숫자를 넣어 설명하면 이해하기 쉽다.

제3장 • 알기 쉽게 말하는 훈련

활동 아래 지도를 보면서 우리 집에서 학교까지 길 안내를 해 보자.

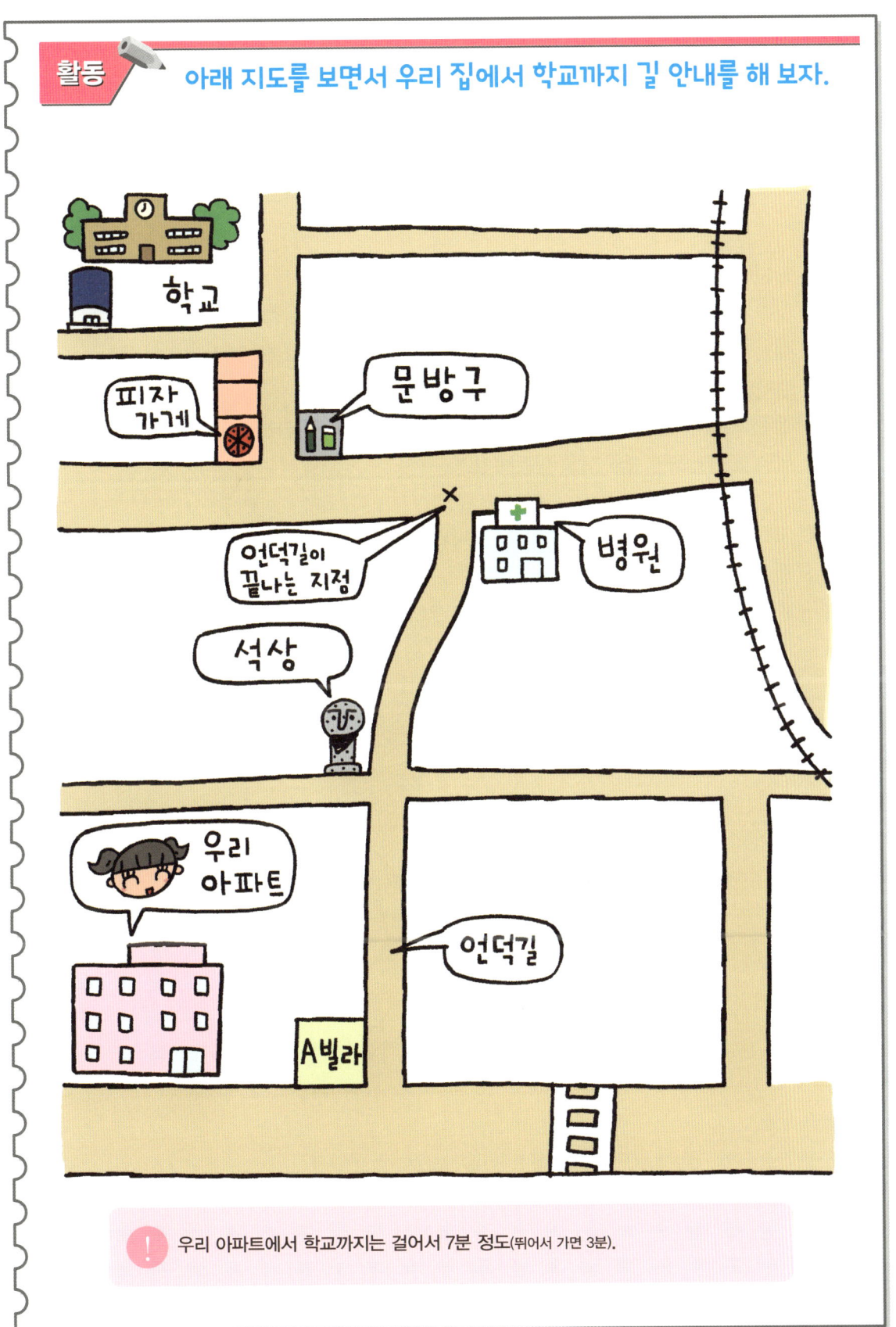

! 우리 아파트에서 학교까지는 걸어서 7분 정도(뛰어서 가면 3분).

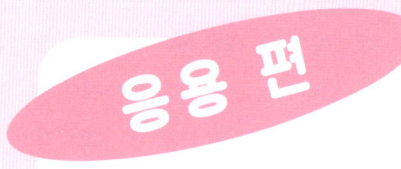

5W 1H 훈련! 자신의 몸 상태나 다친 정도를 설명해 보자

학교에서 갑자기 배가 아프거나 기분이 나빠질 때가 있다. 철봉 놀이를 하다가 떨어지거나 체육 시간에 운동을 하다가 등을 세게 부딪치거나, 또 쉬는 시간이나 수업 중에 다치는 일도 있을 수 있다. 그럴 때 양호실에 가서 뭐라고 설명하면 좋을까?
'훈련 21 복잡한 것을 설명할 때'(54쪽)에서 배운 내용을 토대로 무슨 말을 어떻게 전달하면 좋을지를 생각해 보자.

■ 다른 사람에게 사실을 전달할 때의 포인트를 떠올려 보자.
  A 그룹 : '언제' '누가' '어디서' '무엇을 했다'
  B 그룹 : '어떻게' '왜'
  ·언제부터?   저녁때부터 / 2교시 수업 때부터 / 30분 정도 전부터
  ·어디가?   머리 / 배 / 가슴 / 등 / 다리
  ·어디서?   체육관에서 / 복도에서
  ·어떤 식으로? 욱신욱신 / 꽉 조이는 것처럼 / 따끔따끔
  ·어떤지?   아프다 / 숨을 못 쉬겠다 / 토할 것 같다

■ 연습 문제
축구 연습 후에 다리가 아프기 시작했다. 뭐라고 설명하면 좋을까?

제 4 장

생각을 정리해서 요점을 말하는 훈련

제4장 생각을 정리해서 요점을 말하는 훈련

24 '어떻게 하고 싶은지' 모를 때

학교에서 집 열쇠를 잃어버렸다.
열쇠를 잃어버렸다고 선생님께 말씀 드렸더니
"그래서?"라고 하시는데,
뭐라고 말하면 좋을까?

무작정 "열쇠를 잃어버렸어요."라고 말해 봐야 상대방은 어떻게 해야 좋을지 모릅니다. 말을 할 때 중요한 것은 그다음이죠. 어떻게 하고 싶은지를 말하는 것입니다. 예를 들면

· 함께 열쇠를 찾아 줬으면 좋겠다.
· 집에 전화를 하고 싶으므로 교무실 전화를 사용했으면 좋겠다.
· 중학생 오빠가 학교 마치고 오면 집 안으로 들어갈 수 있으니 그때까지 학교에 남아 있게 해 줬으면 좋겠다.
· 어쩌면 좋을지 모르겠으니 함께 생각해 줬으면 좋겠다.

말하기 전에 자신이 어떻게 했으면 좋겠는지를 먼저 생각해 봅니다. 그것을 분명히 한 후에 말해야 합니다. 평소 '나는 어떻게 하고 싶은 걸까?'하고 스스로에게 묻는 버릇을 들여 두면 좋습니다.

제4장 • 생각을 정리해서 요점을 말하는 훈련

활동 다음 장면에서 '어떻게 했으면 좋겠는지'를 생각해 보자.

◎ 소풍 때 찍은 사진 인화 신청서와 돈을 오늘까지 내라고 했는데 잊어버렸다.
　· 어떻게 하고 싶은가?

　· 그러기 위해서는 어떻게 해야 할까? 누구에게 뭐라고 말하면 좋을까?

◎ 비가 엄청 쏟아지는데 우산이 없다.
　· 어떻게 하고 싶은가?

　· 그러기 위해서는 어떻게 해야 할까? 누구에게 뭐라고 말하면 좋을까?

◎ 내 앞에 걸어가는 사람이 지갑 같은 걸 떨어뜨렸다.
　· 어떻게 하고 싶은가?

　· 그러기 위해서는 어떻게 해야 할까? 누구에게 뭐라고 말하면 좋을까?

◎ 게임 소프트웨어를 샀는데 고장 나 있어서 다시 가게로 갔다.
　· 어떻게 하고 싶은가?

　· 그러기 위해서는 어떻게 해야 할까? 누구에게 뭐라고 말하면 좋을까?

25 '어떻게 하고 싶은지' 결정하지 못할 때

제4장 생각을 정리해서 요점을 말하는 훈련

컴퓨터 학원에 다니려고 하는데
집 근처에 두 군데가 있다.
어느 곳이 좋을지 모르겠다.

어느 쪽을 선택해야 좋을지 결정하지 못해 고민이 될 때가 있습니다. 어른의 경우도 마찬가지로 이런 고민을 많이 하는데, 그때 생각을 정리하는 방법의 하나로 표를 만드는 방법이 있습니다.

◎방문 상담을 갔을 때 생각한 점

A 학원	B 학원
집에서 가깝다.	교실이 넓고 깨끗하다.
두 명의 친구가 여기 다니고 있다.	자전거로 가면 된다(10분).
수업 요일이 맞지 않다. (수영 교실과 겹침)	선생님 인상이 좋다.
선생님 인상이 좋다.	편의점이 바로 옆에 있다.

이렇게 적어 보면 집에서 가깝다는 점과 두 명의 친구가 다니고 있다는 점이 자신에게 중요한 요소임을 알 수 있습니다. 수영 교실에 가는 요일을 바꿔 A 학원으로 정하면 되는 것이죠! 결정적인 이유가 없을 때는 좋다고 생각한 점이 많은 쪽을 선택하면 됩니다.

제4장 • 생각을 정리해서 요점을 말하는 훈련

활동 자신이 어떻게 하고 싶은지를 생각해서 표로 정리해 보자.

◎크리스마스 선물이나 생일 선물로 받고 싶은 것

◎다음 달 용돈으로 사고 싶은 것

◎여름 방학에 여행 가고 싶은 곳

❗ 생각한 것, 떠오른 것을 적어 보는 것이 중요하다. 그렇게 해서 비교해 나가다 보면 자신의 마음을 분명히 알 수 있다!

26 오해받았을 때

방과 후 청소 당번을 하러 갔는데 아무도 없었다.
끝난 줄 알고 집으로 돌아갔는데,
다음 날 선생님께 청소 안 하고 그냥 갔다고 꾸지람을 들었다.
내 얘기도 들어줬으면 좋겠는데…….

먼저 이런 경우에는 절대로 "그게 어떻게 된 거냐 하면……."하는 말은 하지 말 것! 변명하는 것처럼 들리거든요. 일단은 상대방의 얘기를 잘 듣습니다. 그리고 상대가 오해하고 있다고 생각했을 때는 상대방의 얘기가 끝난 후에 '쿠션 언어'를 사용해서 차분하게 말하는 것이 좋아요. "죄송한데요, 제 얘기도 들어주세요."하고 차분하게 또박또박 말해 보세요. 하고 싶은 말을 정리해서 말하면 상대방에게 제대로 전달이 됩니다.
시간의 흐름에 따라 '있었던 일'(사실)과 '생각한 점'(느낌)을 나누어 말합니다. 이런 상황에 대비해서 평소부터 연습해 두면 좋겠죠.

◎ 시간의 흐름에 따라 사실을 정리한다.

시간	있었던 일 (사실)	생각한 점 (느낌)
(어제) 종례를 마침	1반 (아래층) 친구에게 빌린 책을 돌려주러 갔었다.	책을 빌리고 한참 지났던 상황이라 미안했다.
	돌아와 보니 교실에는 아무도 없었다.	모두 어디 갔지?
	실험실과 음악실에도 가 봤는데 거기에도 아무도 없었다.	다들 집에 갔나? 혹시 오늘은 청소를 안 하는 건가?
	집으로 돌아갔다.	
(오늘) 아침에 학교에 와서	영수가 내게 "어제 청소 땡땡이쳤지?"라고 말했다.	역시 청소하는 거였구나!
	수용이가 체육관 정리하러 갔었다고 알려 주었다.	조금 더 기다려 볼 걸 그랬다.

활동

자기 주변에서 일어났던 일을 사실과 느낌으로 나누어 정리해 보자.

시간	있었던 일 (사실)	생각한 점 (느낌)

★제4장★

생각을 정리해서
요점을 말하는 훈련

27 자신이 하는 말을 인정받고 싶을 때

수지의 샤프가 교실에서 없어졌다.
내가 가지고 있는 샤프가
수지가 잃어버린 거랑 같다고 한다.
하지만 이건 분명 내 샤프다!

이런 일이 벌어지면 먼저 머릿속이 새하얘집니다. 그래도 차분하게 생각해야 해요.

"이건 분명히 내 것이다."라고 상대방에게 설명하고 이해받으려면 그럴 만한 '이유'가 필요합니다.

"내 물건이야!"라고 아무리 여러 번 말해도 그 증거가 될 만한 '사실'이 없으면 설득할 수가 없어요. 자기 것이라고 주장하는 '근거'는 있나요? 그 증거가 될 만한 '사실'은 있나요?

제4장 • 생각을 정리해서 요점을 말하는 훈련

◎ '내 물건'이라고 말하는 이유와 사실

이유 (왜냐하면~)	사실 (그 증거)
나는 같은 색과 모양의 샤프를 항상 필통 안에 넣어 다녔다.	이것은 이번 여름 방학에 놀이동산에 놀러 갔을 때 아빠가 사 주신 것이다.
손잡이 부분에 흠집이 있다.	동생이랑 다투다가 생긴 흠집이다.

> 표현의 예 = "○○○○이니까, △△△△"
> "그것은 □□□□라는 사실이 있으므로 △△△△"

활동 — 이유와 사실을 정리하여 설명해 보자.

◎ 흰색 펜으로 낙서된 책상을 보고 선생님이 누구 짓인지 물었다.
나는 수정 펜을 가지고 있다.
본인이 한 짓이 아니라고 설명해 보자.

이유 (왜냐하면~)	사실 (그 증거)

★ 답 예시 ★

이유 ………… 어제는 수업이 끝나자마자 집으로 돌아가서 방과 후 교실에 남아 있지 않았다.
증거가 되는 사실 …… 학원에 갔다.

28 싸움을 해결하고 싶을 때

병재가 실수로 우진이의 발을 밟고 말았다. 밟힌 부분이 하필 어제 다친 곳이었기 때문에 우진이는 "무슨 짓이야? 아프잖아!"라며 버럭 소리를 질렀다. 그 사실을 몰랐던 병재는 "모르고 살짝 밟은 것 가지고 뭐 그렇게 난리냐?"하고 도리어 화를 내며 두꺼운 책으로 우진이의 머리를 쳤다.

이런 식으로 친구랑 다투게 되는 경우가 종종 있습니다. 사람은 각자 다르므로 생각이나 감정도 당연히 다릅니다. 상대방과 의견이 다를 경우에도 본인 말만 주장하기보다 서로 의견을 나누어 조절하는 것이 중요합니다.

그런데 친구와 다퉈서 화가 머리끝까지 치밀어 오를 때는 좀처럼 차분하게 상대방 말에 귀 기울이지 못하고, 자신이 하고 싶은 말도 제대로 전달할 수 없는 경우가 많습니다. 그래서 여기서는 화해의 규칙과 서약서를 소개해 볼까 합니다. 반 친구들과 함께 또는 여럿이서 팀을 짜서 연습해 보세요.

화해의 규칙

- ☐ 소리 지르거나 소란 피우지 않고 차분하게 말을 합니다.
- ☐ 다른 사람이 말할 때는 끼어들지 말고 끝까지 듣습니다.
- ☐ '나는 ○○○○○를 말하고 싶다'는 표현 방법을 사용해 차례로 말을 합니다.
- ☐ 모든 사실을 나열합니다.
- ☐ 다음 사항에 관해서도 머릿속으로 생각하면서 다시 대화를 나눕니다.
  1. 다른 사람을 다치게 하지 않았는지?
  2. 다른 사람의 마음을 다치게 하지는 않았는지?
  3. 거짓말을 하지는 않았는지?
  4. 비겁한 행동을 하지는 않았는지?

- ☐ 서로 조금씩 다가갑니다.
- ☐ 모두가 찬성할 만한 해결 방법을 고릅니다.

화해 서약서

우리는 화해의 규칙에 따라 서로 얘기를 나눴습니다.

우리는 서로 화해했음을 여기에 표명합니다.

날짜	서명
날짜	서명
날짜	서명
날짜	서명

❗ 싸움을 했을 때가 아니라, 아무런 문제가 일어나지 않았을 때 다 함께 확인합니다.

29 큰일이다! 싶을 때

**학교에서 돌아왔는데
엄마가 외출하신 탓에 집 안에 들어갈 수가 없다.
화장실이 급한데……, 큰일이다!**

저런~, 이 일을 어쩌면 좋을까요? 이런 상황에서는 아마 누구라도 필사적으로 머리를 굴리면서 여러 가지 생각을 하겠죠. "그래, 옆집에 가서 부탁 좀 드려야지."하는 것도 좋은 생각입니다. 그런데 옆집에도 사람이 아무도 없으면 어떡해요. 그래서 평소 여러 가지 방법을 생각해 두면 좋습니다. 예를 들면

- 가까운 역으로 가서 역 화장실로 뛰어든다.
- 편의점에 가서 부탁한다.
- 참는다.

위기가 닥쳤을 때 얼마나 많은 생각을 떠올릴 수 있을지, 평소 여러 가지 방법을 생각해 보는 연습을 해 두면 좋습니다. 그러면 막상 그런 상황이 닥쳤을 때 분명 도움이 되거든요.

활동

**이럴 때는 어떻게 하면 좋을까?
가능한 한 많은 해결 방법을 생각해 보자.**

◎ 지하철 안에서 표를 잃어버렸다. 자, 어떻게 하면 좋을까?

1.
2.
3.
4.
5.

◎ 어제가 도서관에서 빌린 책을 반납하는 날이었는데 깜빡했다.

1.
2.
3.
4.
5.

◎ 공원에 세워 둔 자전거가 없어졌다!

1.
2.
3.
4.
5.

★ 제4장 ★

생각을 정리해서
요점을 말하는 훈련

30 꾸지람을 듣게 되었을 때

숙제를 또 깜빡했다! 이번 주에만 벌써 두 번째다.
선생님께 꾸지람 들을 것 같은데…….
휴~우~, 뭐라고 말하면 좋을까?

이럴 때는 뭐라고 말하면 좋을까요? 안타깝지만 뾰족한 방법이 없습니다. 그냥 깔끔하게 용서를 구해야지요!
다만 그 후에 어떻게 해야 하는지에 대해서 알려 줄게요.
'신뢰를 회복하려면 어떻게 해야 하는지'를 생각해 보자고요.
잘못을 어떻게 만회할 것인가는 그 후의 표현 방법과 행동에 달려 있습니다.
"쉬는 시간에 해 놓을게요." "내일은 꼭 해 올게요." "다음부터 잊지 않고 해 올게요." 등등. 한 발짝 나아가 생각해서 '열의'를 보여 줘야 합니다.
그런데 그 자리의 상황을 모면하려고 임시방편으로 하지도 못할 것을 말해서는 안 됩니다. 자신이 먼저 얘기를 꺼낸 이상 꼭 지켜야 해요.

| 활동 | 다음과 같은 상황일 때 어떤 말을 하면 좋을지 생각해 보자.

◎ 엄마가 외출하면서 빨래를 걷어 달라고 말하셨는데, 잠시 텔레비전을 보는 사이에 비가 내려 몽땅 젖어 버렸다. 이제 곧 돌아오실 텐데 엄마에게 뭐라고 말하면 좋을까?

◎ 친구랑 3시에 공원에서 만나기로 약속했는데, 깜빡하고 엄마와 함께 마트에 갔다. 화 많이 났을 텐데……, 어떡하나?

◎ 친구들 여럿이서 병재를 놀리며 놀았는데, 병재가 선생님께 이르는 바람에 꾸지람을 듣게 생겼다. 그냥 장난 좀 쳤을 뿐인데…….

31 누군가와 협상하고자 할 때

제4장 생각을 정리해서 요점을 말하는 훈련

급식 당번 때 늘 똑같은 아이가 반찬 담당을 한다. 나도 가끔은 반찬 담당을 하고 싶다. 매번 먼저 그 자리를 차지하는 사람이 담당하는 건 불공평한 것 같다. 차례로 돌아가면서 맡았으면 좋겠는데!!

그저 부럽고 불공평한 것 같고 바꿔 줬으면 싶죠? 그런데 그렇게 생각만 하는 것으로는 불만만 더 쌓일 뿐 아무런 해결책도 얻을 수 없습니다. '협상'하는 방법을 배워, 다툼 없이 자신이 원하는 바를 이루어 봅시다! '협상'은 자신이 원하는 것을 이루기 위한 방법이 아니라, 상대방과의 의견 교환을 통해 양쪽 모두가 만족할 만한 결과를 만들어 내기 위한 것입니다. 협상의 규칙을 터득했다면 이제 용기를 내어 행동할 일만 남았겠죠.

◎협상의 규칙

①자신이 원하는 것은 무엇인가?
　　나는 ─── 반찬 담당을 하고 싶다.
②그 희망을 이루고 싶은 이유　항상 우유 나눠 주는 일만 하고, 한 번도 반찬 담당을 해 본 적이 없어서

③상대방이 수긍할 만한 조건 (2개 이상 생각해 본다.)
　　·내일 다시 바꿔서 담당하면 되니까 (차례로 돌아가면서 맡자.)
　　·가위바위보로 정하자 (모두가 기회를 가질 수 있도록 하자.)

④협상할 상대방을 잘 관찰하여 적절한 타이밍을 잡는다.
　　함께 카트를 가지러 가면서 말한다. (교실에 돌아온 후 갑자기 "바꿔서 하자!"하고 말해 봐야 "갑자기 뭐야? 지금부터 바꿔서 하긴 좀 그렇지!"라는 소리를 들을 테니까.)

> ❗ 상대방의 성격을 잘 파악해서 작전을 세워 보자.
> 나머지는 말할 타이밍과 "꼭 ○○○ 하고 싶다!"는 열의만 있으면 된다!

활동 다음과 같은 상황일 때 어떻게 협상하면 좋을지 생각해 보자.

◎우리 집에는 '텔레비전 시청은 하루 1시간'이라는 규칙이 있다. 그런데 오늘은 늘 보는 애니메이션이 특별 편성으로 2시간 방송된다. 꼭 보고 싶은데~.

①자신이 원하는 것은 무엇인가?
　　나는 ──────────
②그 희망을 이루고 싶은 이유
　　──────────

③상대방도 수긍할 만한 조건 (2개 이상을 생각해 본다.)
　　──────────

④협상 상대를 잘 파악하여 적절한 타이밍을 잡는다.
　　──────────

◎3학년이 되었으므로 이제 슬슬 용돈을 올려 받고 싶다.

① 자신이 원하는 것은 무엇인가?
　　나는 ──────────
②그 희망을 이루고 싶은 이유
　　──────────

③상대방도 수긍할 만한 조건 (2개 이상을 생각해 본다.)
　　──────────

④협상 상대를 잘 파악해서 적절한 타이밍을 잡는다.
　　──────────

게임 편

YES or NO 게임! 모두 즐겁게 의견을 주고받자

자신의 의견을 말할 수 있게 되는 게임이다.
처음에는 어려울 수도 있지만 점점 재미있어진다.

게임할 사람 수, 준비물

세 명 이상
테니스 공 등

방법

1. 다 함께 둥그렇게 원을 만들어 앉습니다.
2. 첫 번째 사람이 '주제'를 정하고 왼쪽 옆 사람에게 공을 전달합니다.
3. 공을 전달받은 사람은 '주제'에 대해서 'YES'나 'NO'로 답을 하고 그 이유를 말합니다. 그리고 다음 사람에게 공을 전달합니다.
4. 쭉 한 바퀴 돌아서 첫 번째 사람이 다시 공을 전달받고 의견을 말하면 끝납니다.

규칙

의견을 말할 때 다른 사람과 같은 이유를 대서는 안 됩니다.
그러므로 다른 사람의 의견도 잘 들어야겠지요.

주제 예시

· 한국은 좋은 나라인가?
· 미국은 좋은 나라인가?
· 중국은 좋은 나라인가?
· 어린이는 공부를 하지 않으면 안 되는가?
· 휴대전화는 필요한가?
· 담배는 법으로 금지하는 편이 좋은가?
· 가게에서 물건을 살 때 담아 주는 비닐봉지는 돈을 내야 할까?
· '꿈'을 가지고 있는 편이 행복할까?

> ! 올바른 의견, 잘못된 의견이라는 식으로 결정짓지 말 것. 어떤 의견이든 괜찮다고 서로 인정한다.

제 5 장

응답을 잘할 수 있게 하는 훈련

제5장 응답을 잘할 수 있게 하는 훈련

32 "어땠어?"라고 물어서 곤란할 때

**학교에서 돌아오면 엄마가
"오늘은 어땠니?"하고 물어본다.
'어땠니?'라는 질문에
뭐라고 대답하면 좋을지 모르겠다.**

"어땠어?"라는 질문은 뭐가 어땠냐는 것인지 모르므로 "딱히!"하는 반응을 보이게 되는 기분은 충분히 이해가 됩니다. 하지만 엄마는 학교에서 어떻게 지내는지를 모르기 때문에 구체적으로 물어보지 못하는 것뿐이에요. 그저 학교에서의 모습을 알고 싶은 것이지요. 그러므로 아무것도 모르는 엄마에게 일부분만이라도 알려 주면 좋지 않을까요. 이상했던 일이든 즐거웠던 일이든 화가 났던 일이든 간에 뭐든 좋습니다.

학교에서 있었던 일 중 아무거나 생각나는 대로 말해 주면 학교에서의 생활이 엄마에게도 충분히 전달될 거라고 생각해요.

활동 — 오늘 있었던 일, 느낀 점을 떠올려 보자.

■ 정말 사소한 일이라도 괜찮다. 자신에게 별거 아닌 일이라도 엄마나 아빠 입장에서는 전부 모르는 일일 테니까.

◎ **학교 등하교 시간에**
평소와 다른 일은 없었는지? 뭔가 신기한 것을 보거나 듣지는 않았는지? 누군가를 만나지는 않았는지?

_____
_____

◎ **수업 시간에**
"아~아, 그렇구나!" 싶은 일은 없었는지?
선생님의 설명 중 모르는 부분은 없었는지?

_____
_____

◎ **급식 시간에**
뭐가 맛있었는지? 남기지 않고 전부 먹었는지? 더 먹지는 않았는지? 어떤 메뉴였는지?

_____
_____

◎ **선생님에 관해서**
꾸중을 듣거나 지적을 받지는 않았는지? 칭찬받은 일은 없었는지?

_____
_____

◎ **친구에 관해서**
쉬는 시간에 뭘 하면서 놀았는지? 싸우거나 하지는 않았는지? 모두 씩씩한지? 결석한 친구는 없었는지?

_____
_____

◎ **자신에 관해서**
깜빡하고 가지고 가는 걸 잊어버린 것이나 잃어버린 물건은 없었는지? 등등

_____
_____

제5장 응답을 잘할 수 있게 하는 훈련

33 "듣고 있어?"라는 소리를 들었을 때

**미영이가 말을 시켜서 뭐라고 대답할까 생각하고 있었는데,
"내 얘기 듣고 있니?"라는 소리를 들었다.
내가 어떻게 해야 했을까?**

만일 누군가에게 말을 걸었는데 상대방이 잠자코 있으면 어떨 것 같아요? '나를 무시하나?' 또는 '내 말이 안 들리나?' 싶은 생각이 들겠죠. 물론 뭐라고 대답할지 머릿속으로 생각하는 중이라고 해도 상대방은 그걸 모를 테니까요.

그러므로 상대방의 말을 듣고 있다는 것을 알려 줘야 합니다. 그러므로 "듣고 있어!"하고 맞장구를 쳐 주면 좋아요.

바로 옆에서 말할 때는 얼굴을 쳐다보며 "응. 응." 하고 끄덕여 주면 됩니다. 가능하다면 "그래?" "그렇구나!" "그래서?"와 같은 짧은 말을 반복해 주면 상대방도 얘기를 이어 나가기가 쉬워집니다.

만담이 재미있는 이유는 바로 속도감 있게 말을 주고받기 때문입니다.

제5장 • 응답을 잘할 수 있게 하는 훈련

> **활동** 만담의 '우스꽝스러운 역할과 똑똑한 역할'을 맡아 말을 주고받는 연습을 해 보자.

◎ 두 사람이 한 팀이 되어 '우스꽝스러운 역할'과 '똑똑한 역할'을 정한다.
자신이 개그맨이라는 생각으로 다음과 같은 내용의 역할 놀이를 해 보자.

똑똑한 역할 : 어제 영어 배우고 왔어.
우스꽝스러운 역할 : 오오~~, 그럼 우리나라 닭은 꼬꼬댁 꼬꼬 하고 울잖아. 근데 미국에 가면?
똑똑한 역할 : '코커두들두'하고 울지!
우스꽝스러운 역할 : 시차 때문에 자느라 안 울어!
똑똑한 역할 : 그런 바보 같은 일이!

똑똑한 역할 : "버스 정류장 가서 버스 시간 좀 보고 올래?" (잠시 후)
우스꽝스러운 역할 : "보고 왔어."
똑똑한 역할 : "그래서 어떤데?"
우스꽝스러운 역할 : "어제랑 같던데."
똑똑한 역할 : "뭐~뭐~뭣?!"

◎ 맞장구칠 때 쓰는 표현
· 응~응~. / 흐~음. / 그래! / 과연! / 그렇구나! / 그렇지. / 알 것 같아!
그치~? / 그럼 됐네. / 그러게.

· 왜 그랬대? / 적당히 좀 하지. / 저런 세상에!
뭐라고! / 워~워~워~. / 이 녀석! / 맞는 말이네!

· 정말~? / 말도 안 돼! / 어머나!

· 역시! / 제법인데! / 와우!! / 대박!

> 서로 공감하고 맞장구를 치면서 대화하면 커뮤니케이션이 즐겁다.

제5장 응답을 잘할 수 있게 하는 훈련

34 말하기 편한 사람이라는 인상을 주고 싶을 때

말솜씨가 없어서 항상 남의 얘기를 들어주는 편이다.
대화를 하는 게 은근히 어렵다……

꼭 말솜씨가 좋다고 해서 대화를 잘하는 것은 아닙니다. '남의 말을 잘 들어주는 사람'이라는 표현에서도 알 수 있듯이 상대방이 말하기 쉽도록 응답해 주면서 충분히 얘기할 수 있도록 해 주면 대화가 신이 나죠. 상대방 얘기에 관심을 갖고 "흐~음." 하고 듣는 사람이야말로 대화를 잘하는 사람이라고 할 수 있습니다.

"응응." "맞아, 맞아." 하면서 맞장구를 치거나
"○○○했구나!"라며 상대방의 말을 그대로 반복하거나
"그래서, 그래서 어쨌는데?"하고 다음 말을 재촉하거나
"그거 좋네."하고 칭찬을 하는 등.
이야기를 잘 끌어내는 사람이 되어 보세요.

활동 — 랩 게임을 해 보자!

랩을 할 때처럼 손으로 박자를 맞추면서 리듬에 맞춰 질문한다.
랩 게임으로 박자감 있는 단어를 주고받으면서 즐겨 보자.

〈방법〉
1. 두 사람 이상이 모여서 합니다.
2. 둥글게 원을 만들어 앉습니다.
3. 가위바위보로 순서를 정합니다.
4. 손으로 박자를 맞추면서 "나는 ○○에서 태어난 △△입니다."하고
   말한 후 왼쪽 옆 사람에게 질문을 합니다.
5. 앞사람의 질문에 대답한 후 자기소개를 하고, 그런 다음에
   옆 사람에게 질문을 하면 됩니다.

〈질문의 예〉 간단히 답할 수 있는 질문이 좋습니다.
- 좋아하는 프로그램은 뭐니?
- 좋아하는 가수는 누구야?
- 좋아하는 만화는 뭐니?
- 좋아하는 스포츠는 뭐니?
- 코미디 프로그램을 좋아하니?
- 형제자매는 몇 명이야?
- 갖고 싶은 것은 뭐니?

 대답하고 싶지 않은 질문이 나오면 "그건 말할 수 없어♪"라든가 "그건 비밀이야♪"와 같이 대답해도 좋습니다.

35 친구를 위로하고 싶을 때

수미가 키우던 앵무새가 죽어 버렸다고 한다.
엄청 예뻐했는데, 슬퍼하는 수미가 안타깝다.
위로해 주고 싶은데 뭐라고 말하면 좋을까…?

아끼던 반려동물이 죽어 버렸을 때 어떤 마음이 들까요? 경험해 본 적이 없더라도 만일 그런 상황이 벌어지면 어떤 기분이 들지 상상해 보세요. 만일 본인이 그런 일을 당했을 때 친구가 어떤 말을 해 주면 좋겠나요? 어떤 식으로 대해 주면 위로가 되겠나요?

"마음이 많이 아프겠다."

"엄청 슬펐겠다."

"얘기하고 싶은 마음이 생기면 말해 줘."

그냥 가만히 내버려 두길 바라는 사람도 있습니다. 말로 위로하고 안 하고는 상관없어요. 친구가 슬퍼할 때 같은 마음이 되어 주면 됩니다.

활동 1 다음 그림을 보고 말풍선에 들어갈 만한 말을 적어 보자.

◎ 엄마가 아프셔서 입원한 친구에게

◎ 운동회 때 이어달리기를 하는데 바통을 떨어뜨리는 바람에 시합에 져서 울적해진 친구에게

◎ 자신의 말로 전달해 보자!
  힘들었지?
  괜찮니?
  마음 아프겠다.
  내가 옆에 있어 줄게.
  얘기하고 싶을 때 말해. 언제든 들어줄 테니까.
  너무 걱정 마! 괜찮을 거야.

> ❗ 아무 말 없이 등을 토닥여 준다. 손을 잡아 준다. 고개를 끄덕여준다. 굳이 말을 하지 않아도 마음이 전달되는 표현 방법은 얼마든지 있다.

활동 2 이럴 때는 뭐라고 말할까?

◎ 소풍이나 캠프를 가는 날에 갑자기 열이 나서 못 가게 된 친구에게

◎ 천식으로 입원한 친구 병문안 갔을 때

◎ 아빠가 직장을 옮겨서 이사를 가게 된 친구에게

제5장 응답을 잘할 수 있게 하는 훈련

36 설명이 어려워 알아듣지 못할 때

**축구 시합 전에 코치 선생님이 오늘 작전을 설명했다.
나는 그 작전이 어떤 것인지 이해하지 못했다.
어쩌면 좋을까?**

제대로 이해를 못한 상태에서 경기가 시작되어 버리면 어쩌나요?
작전대로 움직이지 못하면 어쩌죠?
모르는 것을 묻는 것은 부끄러운 일이 아닙니다. '중요한 것 같다!'
싶다면 과감하게 물어보세요.
"잘 못 들었습니다. 다시 말씀해 주세요."
"○○작전에 대해서 잘 이해가 안 되는데 다시 알려 주세요."
"그게 뭔가요?"
용기를 내어 물어봐야 합니다. 이해한 척하다가 점점 모르는 것이
쌓이는 것보다 훨씬 나으니까요. 조금 부끄럽더라도 모르면 물어봐야
실수를 하지 않아요. 물론 한 번 들은 얘기는 잘 기억해 둬야겠지요.

활동: 이럴 때 어떤 질문을 하면 좋을까?

1. "내일 아침 ○○시까지 운동장으로 모이도록!" (잘 못 알아들었다.)

2. "?×*%를 ~&$* 해 주세요." (모르는 말이었다.)

3. "그러니까 ***하고, 그다음에 ***" (주변이 시끄러워 안 들린다.)

4. "마트 가서 감자랑 당근, 세제, 그리고 식초 좀 사다 줄래?" (다 기억 못 할 것 같다.)

5. "일요일에 ××역 옆에 ○○라는 빌딩 안에 있는 가게 갔다 왔는데~" (말이 너무 빠르다.)

6. "거기 말이야~~그거, 그것 좀 해 줬으면 좋겠는데……." (거기의 그것이 뭔지 모르겠다.)

7. "대충 파~바바바~~박~ 해 버리면 되잖아" (의미를 모르겠다.)

> ! 질문할 때는 태도나 목소리도 중요하다.
> 불만스러운 태도나 공격적인 말투 등은 상대를 불쾌하게 만들므로 질문은 공손하게.

★ 질문 예시 ★

1. 몇 시까지 가면 되나요? / 2. 죄송합니다. 의미를 잘 모르겠으니 다시 설명해 주시면 안 될까요? / 3. 주위가 소란스러워서 잘 못 들었는데 다시 말씀해 주세요. / 4. 다 기억 못 할 것 같으니까 한 번 더 말해 주세요. / 5. 조금만 천천히 말해 줄래? / 6. 그게 뭔데요? / 7. 모르겠어. 알기 쉽게 얘기해 줘. 뭘 하면 되는데?

37 어떻게 질문하면 좋을지 알 수 없을 때

수업 시간에 발표를 할 때면
항상 "혹시 질문 있습니까?"라고 하는
질의응답 시간이 있는데,
무슨 질문을 어떻게 하면 되는지 모르겠다.

여러 가지 질문을 할 수 있다는 것은 중요한 일입니다. 그러므로 질문하는 요령을 알려 드릴게요. 5W 1H로 질문을 만들면 됩니다(54쪽 참고).

A 그룹 : '언제?' '어디서?' '누가?' '무엇을 했나?'

B 그룹 : '왜?' '어떻게 해서?'

A 그룹은 이야기를 분명히 하기 위한 질문이고, 이야기를 풍성하게 하는 것은 B 그룹의 질문입니다.

예를 들어 여름 방학 숙제였던 자유 연구 발표 후에 갖는 질문 시간에 "왜 그 주제를 선택했습니까?"라든가

"어떤 부분에 중점을 두었나요?"와 같은 질문을 하면 어떨까요?

질문을 잘 하는 사람이 되려면 상대방이 말한 내용에 관심을 갖는 것이 중요합니다. 질문하는 횟수를 늘려 익숙해지도록 해 보세요.

제5장 • 응답을 잘할 수 있게 하는 훈련

활동
그림을 보면서 질문을 만들어 보자.

①나는 여행을 갔습니다.

①에 대한 질문

②이런 장소에 갔습니다.

②에 대한 질문

③여행에서 막 돌아왔습니다.

③에 대한 질문

 얼마나 많은 질문을 만들 수 있었나?

★ 제5장 ★
응답을 잘할 수 있게 하는 훈련

38 재치 있게 되받아치고 싶을 때

시험지를 돌려받을 때마다 항상 "너 몇 점 받았어?"하고
짝꿍인 철수가 흘낏 들여다본다.
그러고는 꼭 "점수 형편없네! 헐~~."하고 놀린다.
정말 기분이 나쁘다.

정말 화가 날 만하네요! 안 그래도 속상한데……. 이럴 때 뭐라고
한마디 해 주고 싶지만 마땅한 말이 떠오르지 않지요.
"너나 잘해!"하고 쏘아붙이고 싶지만 그러다 싸움이 날 것 같기도 하고.
조금 가벼운 느낌으로 한마디 되받아쳐 주고 싶은데…….
그렇다면 자신의 기분에 딱 맞는 말을 찾아볼까요? 만약 농담처럼
한마디 던져 주고 싶다면 코미디나 만담에서 '우스꽝스러운 역할'을
하는 사람의 표현이 참고가 될지도 모르겠네요!

활동　되받아치는 표현으로써 자신에게 가장 잘 어울리는 것은 어느 것인가?

◎ "점수 형편없네! 헐~~."하는 말을 들었다면…….
 "남이야 그러거나 말거나!!"
 "오~우, 그러는 넌 몇 점 받았는데?"
 "그러게 말이야. 어떻게 하면 좋은 점수를 받을 수 있을까? 좀 알려 주라."
 "남의 거 몰래 들여다보는 건 실례야!"
 "걱정해 줘서 고마워."
 "아~ 슬프군!!"
 "그렇지? 나도 알아."

 그냥 흘려듣는 것도 괜찮다!

◎ "○○가 (옷이나 머리 모양) 촌스럽네."라는 말을 들었다면…….
 "뭐 상관없어! 사람은 내면이 중요하니까."
 "난 괜찮아. 그래서 뭐 어쩌라고!"
 "진짜 그렇게 생각해? 난 너무 예뻐서 좋은데." (농담처럼)
 "이거 내년에 유행할 스타일이야."
 "얼굴이 너무 예쁘니까, 이걸로 딱 좋지 뭐!"
 "우리 집 스타일리스트에게 주의시켜 둘게!"
 "촌스러운 듯 귀여운 스타일, 못 들어 봤니?"
 "뭐라고!! 몰랐어? 이제부터 유행할 거라는데."
 "어머나! 너한테 그런 얘길 듣다니~~."
 "나도 진짜 속상해. 다음에 우리 엄마한테 네가 얘기 좀 해 줄래?"
 "개성이 넘친다고 말해 주면 좀 좋아."

★ 제5장 ★
응답을 잘할 수
있게 하는 훈련

39 거절당해서 속상할 때

"방과 후 같이 놀자!"하고 말했더니
"미안. 안 돼!"라고 거절당했다.
그래서 속상했다.

모처럼 용기를 내어 말했는데 거절당하면 많이 속상하겠죠.
"날 싫어하나?"
"또 거절……나한테만 왜 그럴까?"
"난 정말 운이 없는 것 같아!"
등등과 같이 여러 가지 부정적인 생각을 하게 되고, 그러다 보면 고개가 떨궈지고 목소리도 작아져서 비참한 기분이 들기도 할 거예요.
하지만 이까짓 일로 기죽지 않는 사람은 그런 생각을 안 합니다.
"오늘 학원에 가는 날인가 보네."
"싫다면 어쩔 수 없지 뭐!! 다른 애랑 놀아야지."
이처럼 긍정적으로 받아들이지요. 그러면 "그러니? 시간이 안 되는구나." "그럼 다음에 놀자!"하고 밝게 말할 수 있을지도 모르죠.
그렇다면 이제 마음을 다치지 않는 방법을 익혀 볼까요.

활동 여러 가지 방법을 시도해 보자.

◎ **속상한 마음을 바꾸는 방법**
· 몸을 움직이거나 무언가에 집중하면 기분이 달라진다!
　　공차기
　　힘껏 달리기
　　음악을 크게 틀어 놓고 듣기
　　피아노 치기
　　한자 공책을 빼곡하게 채우기
　　강아지랑 산책하기
· 속상한 마음이나 슬픈 마음을 큰 소리로 외쳐서 종이봉투에 담아 묶은 후 팡하고 터뜨린다.
"이제 됐어!"하고 말해 본다.
· 종이에 마음속의 말을 잔뜩 적어서 갈기갈기 찢는다.

◎ **파워 업 하는 방법**
· 힘을 주는 친구나 가족, 지인과의 대화를 통해 힘을 얻는다.
· 만화 캐릭터를 통해 힘을 얻는다.
　　나루토처럼 말하기　──▶　"자~자~, 괜찮다니까!"
　　마루코처럼 말하기　──▶　"네네. 알겠습니다. 나도 한가하지 않아서요. 흠!"
　　짱구처럼 말하기　──▶　"죄송합니다. 예쁜 누나 찾으러 가겠습니다~."
　　햄토리처럼 말하기　──▶　"알아쩡! 또 올거양! 해~앰~!"

◎ **마음에 담아 두지 않는 방법**
· "신경 안 써!"하고 말해 본다.
· "외국어라 못 알아듣겠어!!"하고 생각해 본다.

★ 각 나라의 '마음에 두지 말라'는 의미의 표현! ★

괜찮아 / 걱정 마 (한국어)　　　　　　　　카인 프로블렘(Kein problem) (독일어)

돈워리(Don't worry) / 노프라블럼(No problem) (영어)　　노 아이 쁘로블레마(No hay problema) (스페인어)

논 체 프로블레마(Non c'e problema) (이탈리아어)　　마이펜라이(Mai Pen Rai) (태국어)

기니스루나(気にするな) (일본어)　　　　메이꽌시(没关系) (중국어)

제5장 응답을 잘할 수 있게 하는 훈련

40 혼자 집을 보고 있을 때 전화가 걸려오면

혼자 집을 보고 있을 때 모르는 사람으로부터 엄마를 찾는 전화가 걸려왔다. "지금 안 계세요."라고 했더니 "급한 일이라서 그러는데 엄마 핸드폰 번호 좀 알려 줄래?"라고 말한다. 그런데 왠지 수상하다……. 이럴 때는 뭐라고 하면 좋을까?

상대방이 급한 것 같으니까 친절하게 응대해야 한다는 생각으로 엄마 휴대 전화 번호를 알려 줄 건가요?

잠깐, 안 돼요!

모르는 사람에게 전화번호를 가르쳐 주어서는 절대로 안 됩니다.

다음과 같이 말하는 게 좋을 것 같아요.

"엄마에게 연락을 드리도록 할게요. 죄송하지만, 전화번호와 이름을 알려 주세요."

정말로 용건이 있는 사람이라면 말해 줄 거예요. 그런데 만일 "그럼 됐다. 나중에 다시 할게."라는 대답이 돌아온다면 정말 수상한 사람인 것이겠죠.

활동 　**다음과 같은 전화가 걸려 왔을 때 뭐라고 말하면 좋을까?**

상대방 : "저기, ○○ 씨 댁이죠?" (잘못 걸려 온 경우)
나 : _____

★대응 예시★

"아닙니다. 잘못 거셨습니다."라고 공손하게 대답하는 것이 좋다. 친절해야 한다는 생각으로 "여기는 ○○네 집입니다."하고 이름까지 말해서는 안 된다.

상대방 : "어라~~? 이상하네. ○○ 씨 전화 아닌가요?"
나 : _____

★대응 예시★

"몇 번으로 거셨어요?"라고 말하는 것이 좋다.
끈질기게 물어 오면 "여긴 ○○ 씨 댁이 아닙니다."하고 끊어 버려도 괜찮다.
개인 정보를 수집하여 좋지 않은 일에 이용하려는 사람이 있을지도 모르니까.
하지만 상대방이 정말로 잘못 걸었을 수도 있으므로 일단은 실례되는 일이 없도록 좋게 대응하자.

상대방 : "○○인데, 엄마 계시니?" (모르는 사람인 경우)
나 : _____

★대응 예시★

전혀 모르는 사람에게 아무 생각 없이 "안 계세요."하고 말하는 것은 좋지 않다.
이럴 때는 "잠시 근처에 나가셨어요." 정도로 대응하고,
가능하면 "누구세요?"하고 물은 후, 잊어버리지 않도록 이름을 메모해 두면 좋다.

상대방 : "집에 다른 사람은 없니? 언제 돌아오셔?" "어디 가셨니?"
나 : _____

★대응 예시★

잘 아는 사람이라면 말해 줘도 되지만, 상대가 모르는 사람일 경우 이런 질문에 솔직하게 대답할 필요는 없다. "글쎄요. 나중에 다시 전화 주세요."하고 전화를 끊는다.

기초 편

전화 통화의 기본 훈련! 걸 때, 받을 때

전화를 받을 때, 전화를 걸 때의 기본을 익혀 두자.
공손히 대응하도록 주의하자.

■ 전화를 받을 때는 어떻게 하면 좋을까?
- 상대방이 자신이 누군지 밝히지 않으면 "네, 누구세요?"하고 공손히 묻는다.
- 엄마나 아빠를 부르러 갈 때는 "잠시 기다려 주세요."라고 말한 후 수화기를 잠시 내려놓는다.
- 집에 아무도 없는 경우는 "뭐라고 전해 드릴까요?"하고 묻고 메모해 둔다.

> **메시지 전달을 위한 메모**
> 1. 날짜 :   월   일
> 2. 시간 : 오전 / 오후   시   분
> 3. 상대 :
> 4. 용건 :
> 5. 받은 사람 :

■ 전화를 걸 때는 어떻게 하면 좋을까?
- 상대방이 전화를 받으면 "○○입니다."하고 자신의 이름을 말한다.
- "안녕하세요?"하고 인사를 한다.
- 용건을 말한다(복잡한 용건일 때는 뭐라고 말할 것인지를 생각한 후 전화를 건다.).
- "안녕히 계세요." "실례했습니다."와 같은 인사를 하고 말을 맺는다.
- 전화를 끊는다(상대보다 먼저 끊지 않을 것.).

■ 늦은 밤(이른 아침)에 전화를 걸 때는 어떻게 하면 좋을까?
- "늦은 시각(이른 시각)에 죄송합니다만……."
- "이런 시간에 죄송합니다만……."

■ 친구 집에 전화를 걸었는데 자동 응답 메시지 기능으로 넘어갔다.
메시지를 남길 때는 어떻게 하면 좋을까?
- "○○(자신의 이름)입니다. △△랑 같이 놀까 해서 전화했어요." (용건을 말함.)
- "나중에 다시 걸게요(전화를 달라고 말해도 좋다.). 그럼 이만 끊을게요." (인사)

■ 휴대 전화에 걸 때는 어떻게 할까?
- "지금 통화할 수 있어요?" (상대방의 상황을 확인함.)
- 상대방이 통화하기 곤란할 상황일 때는 다시 건다.

제 6 장

상대방이 불쾌하지 않도록 정중히 말하는 훈련

41 누군가에게 정중하게 말할 때

예를 들어 자신이 햄버그스테이크를 먹고 싶다면 이럴 때 뭐라고 말하나요?
"햄버그스테이크!"라고 말해도 상대방에게 의사가 전달이 됩니다.
이처럼 한마디만 해도 통하기는 하지만, 정중한 표현은 아니지요.
햄버그스테이크를 주문하고 싶다면
"햄버그스테이크로 부탁합니다."
"햄버그스테이크 주세요."
하고 말하는 것이 좋아요. 누군가에게 무언가를 부탁할 때는 말 끝머리에 '부탁합니다'나 '주세요'를 붙이도록 하세요.
말끝(어미)을 분명하게 붙이는 정중한 표현 방법을 알면 어른이 되어도 곤란한 일이 없습니다. 때와 장소, 상대방에 따라 구분하여 사용하도록 하세요.

활동 · 정중하게 대답해 보자.

〈예〉
비행기 안에서 "음료는 무엇으로 드릴까요?"라는 질문을 받았다면
→ 오렌지주스 주세요.

1. 처음 만난 엄마 친구 분이 "안녕? 이름이 뭐야?"라고 물었다면
→

2. 서점에서 원하는 책을 찾지 못해 우왕좌왕하는 모습을 보고 종업원 누나가 "뭐 찾으세요?"라고 물었다면
→

3. 도시락을 샀더니 "젓가락도 드릴까요?"라고 물었다면
→

4. 아빠 회사 동료 분이 "많이 컸구나! 몇 학년이야?"하고 물었다면
→

5. 학교를 찾아온 손님이 "교무실이 어디예요?"하고 물었다면
→

6. 지하철 표를 잃어버려서 역무원 아저씨에게 설명할 때
→

7. 지하철을 탔는데 목적지를 확인하고 싶어서 주변 사람에게 물어볼 때
→

★ 위 질문의 답 예시 ★

1. 안녕하세요? ○○입니다. / 2. ○○라는 책은 어디에 있나요? / 3. 네. 부탁 드려요(아니요, 괜찮습니다.) / 4. ○학년입니다. / 5. (이쪽으로 쭉 가시면) 있습니다. / 6. 표를 잃어버렸는데 어떻게 하면 되나요? / 7. 죄송한데요. 이 지하철 ○○역에 서나요?

42 부탁할 때

**다연이가 읽고 있던 만화책을
빌리고 싶은데…….**

남에게 무언가를 부탁할 때 어떤 표현을 쓰나요?
예를 들면 만화책을 빌리고 싶을 때
'빌려줘' '빌려주라' '빌리자' '빌리자고' '빌려줄래?' '빌려줄 수 있어?'
'빌려줬으면 하는데…' '빌려주면 좋겠는데…' '빌려도 될까?' 등등,
여러 가지 표현이 있습니다. 앞에 열거한 것 말고도 더 있을 수
있겠지만, 이 가운데 괜찮은 표현은 어떤 것일까요?
상대가 선생님이나 손윗사람이라면 더욱 공손한 표현을 쓰는 편이
좋겠지요.

활동 — 다음 표현을 여러 가지 다른 말로 바꿔 보자.

①보여 줬으면 한다

②돌려줬으면 한다

③멈췄으면 한다

④도와줬으면 한다

⑤가르쳐 줬으면 한다

◎친구에게 말할 때는?
① _____
② _____
③ _____
④ _____
⑤ _____

◎선생님께 말할 때는?
① _____
② _____
③ _____
④ _____
⑤ _____

◎할아버지나 할머니, 친척 어른께 말할 때는?
① _____
② _____
③ _____
④ _____
⑤ _____

43 말하기 어려운 말을 할 때

제6장
상대방이 불쾌하지 않도록 정중히 말하는 훈련

**친구가 같이 놀자고 하는데,
오늘은 쫌…….
뭐라고 거절하면 좋을까?**

이처럼 곤란한 경우가 있을 수 있습니다. 같이 놀고 싶기는 한데 오늘은 다른 일이 있어서 어렵거나 마음이 내키지 않을 때도 있겠지요. 거절할 때는 사정이 있어서 어쩔 수 없이 거절하는 경우와 마음이 내키지 않아 거절하는 경우가 있을 텐데, 이유에 따라서 거절하는 방법도 달라지고 상대가 누구냐에 따라서는 말투가 달라지기도 합니다. 그런데 어떤 경우든 상대방의 마음이 다치지 않도록 거절해야 합니다. 그렇다면 말하기 어려운 얘기를 할 때의 표현 방법을 생각해 볼까요.

활동 1 — 자신에게 잘 어울리는 표현 방법은?

◎ 부탁을 거절할 때

· 고마운데……. 오늘은 ○○해야 해서. 다음에 같이 놀자.

· 그러고 싶지만, 오늘은 어려울 것 같아. 다음에 같이 하자.

· 안타깝게도 오늘은 다른 할 일이 있어서 힘들겠네. 내일은 시간 되는데 어때?

· 미안!! 오늘은 ○○가 있어서.

· 미안!

 이 밖에도 다른 표현은 없는지 생각해 보자.

◎ 부탁하기 어려운 일을 부탁할 때

· 부탁이 있는데…….

· 혹시 시간 되면 ○○해 주면 좋겠는데…….

· ○○를 부탁하고 싶은데. 가능하다면 혹시 언제 괜찮아?

· ○○해 주면 정말 기쁘겠다.

활동 2 — 꺼내기 어려운 말을 할 때는 '쿠션 언어'를 사용해 보자.

· 잠깐 내 얘기 좀 들어주세요.

· 화내지 말고 들어주면 좋겠는데…….

· 잠깐 괜찮아?

· 정말 오래 생각하고 하는 말인데…….

· 솔직히 말할게. 사실은…….

 '쿠션 언어'에 대해서는 12쪽 참조.

44 상대방이 불쾌하지 않게 말하고 싶을 때

체험 학습 현장에서 큰 소리로 떠드는 친구들에게
그러지 말라고 말해 주고 싶은데,
뭐라고 말하면 좋을까?

이럴 때 "시끄럽잖아!"하고 소리치나요? 아니면 "다른 사람에게 방해가 돼."하고 조용히 말하나요? 때와 장소에 따라서는 확실하게 주의를 주는 게 좋을 수 있습니다.

그런데 같은 말이라도 "우리 조용히 하자."나 "여긴 다른 사람들도 있는데 피해를 주면 안 되잖아."하고 말하는 것이 훨씬 좋지 않을까요? "○○하자." "△△하는 게 좋지 않겠니?"와 같이 부탁의 형태로 표현하거나 의논하는 것 같은 표현 방법이 훨씬 부드럽게 들립니다. 단정하거나 명령하는 말은 상대에게 반발심을 초래할 수 있어요. 같은 말도 가능한 한 긍정적(수긍하는 표현)으로 말하는 것이 상대에게도 좋게 들리겠지요.

활동 1

다음 표현을 부탁하는 형태로 고치거나 의논하는 표현으로 바꿔 보자.

예) 시끄러워! → 조용히 해 주면 안 될까?

1. 이 만화책은 못 빌려줘! →

2. 왜 이렇게 늦어? →

3. 토요일은 무리! →

4. 조용히 해! →

활동 2

다음 중 어느 표현이 기분 좋게 들리는지? ○ 표시를 해 보자.

(　) 3시까지 못 놀아.
(　) 3시 이후에는 같이 놀 수 있어.

(　) 이 문으로는 못 지나가요.
(　) 옆문을 이용해 주세요.

(　) 잔디밭에 들어가지 마시오.
(　) 잔디밭을 소중히 보호해 주세요.

(　) 화장실 더럽히지 마.
(　) 늘 깨끗하게 사용해 줘서 고마워!

★ 활동 1의 답 예시 ★

1. 이 만화책은 빌려주기가 좀 어려운데, 다른 건 어떠니?
2. 조금만 서둘러 줄 수 있어?
3. 토요일 말고 다른 날은 어때?
4. 지금은 조용히 해 주면 좋겠다.

보호자 및 지도하시는 분께

이 책은 아이가 어른이 될 때까지 꼭 익혔으면 하는 커뮤니케이션 능력을 훈련하는 책입니다.

누군가에게 말을 걸 때 어떻게 기회를 만들면 좋을까?
느낀 점을 전달하고 싶다.
알기 쉬운 표현 방법이란?
생각을 잘 정리하고 싶은데…….
질문에 대답을 잘할 수 있으려면?
정중하고 기분 좋은 표현 방법을 알고 싶다…….

"이럴 때는 뭐라고 말할까?" 싶을 때 아이들 스스로 당장 사용할 수 있도록 실천적인 예를 들면서 그에 따른 대처 방법과 훈련 방법을 소개하고 있습니다.
또한, 조금 슬퍼지거나 울적할 때 기분을 전환하는 방법이나 싫은 얘기를 들었을 때 상처를 받지 않는 요령, 혼자라도 행동할 수 있는 용기 등 '마음'을 강하게 하는 힌트도 소개합니다.
이 책은 단순히 말을 잘하는 것에 그치지 않고 자신을 존중하면서 상대방도 존중하는 커뮤니케이션을 하는 것을 목표로 합니다.
훈련의 기초가 되는 것은 미국의 학교나 가정에서 이루어지는 커뮤니케이션 교육입니다. 또한, 비즈니스에서 알려진 코칭 커뮤니케이션 방법도 참고하였습니다. 마음을 조금이나마 강하게 하는 힌트는 JAM 네트워크 회원이나 회원과 관련이 있는 아이들이 아이디어를 제공해 주었습니다.
아이들은 주위 사람과 섞이는 가운데 다투거나 문제를 일으키는 등 즐겁지 않은 경험을 겪기도 합니다. 그럴 때도 가능한 한 자기 자신의 힘으로 그 난국을 헤쳐 나갈 수 있기를 바랍니다. 그리고 그런 경험의 축적이 어른이 된 후에도 도움이 될 거라고 믿습니다.
아이들은 원래 스스로 문제나 곤란을 해결해 나가는 힘을 갖추고 있습니다. 커뮤니케이션 능력이나 문제를 해결해 나가는 힘은 실천을 통해 실패하기도 하고 문제를 해결하기도 하면서 확실하게 자신의 것이

되어 갑니다. 주변 어른들은 자신의 힘으로 극복해 나가는 아이들을
곁에서 응원해 주면 좋겠습니다. 다소의 트러블은 아이가 가지고 있는
힘을 믿고 참견하거나 간섭하지 말고 지켜봐 주세요.
하지만 만일 아이들이 SOS를 쳐 온다면 아이를 그대로 받아들여 주세요.
아이가 무언가를 말하기 시작했다면 참을성 있게 끝까지 듣고 아이가
자신의 마음을 완전히 드러낼 수 있도록 하는 것이 중요합니다. 심각한
괴롭힘과 같은 사례에서는 어른이 개입하거나 아이를 그 자리에서
격리하는 것이 필요할지도 모릅니다.
우리 어른들은 아이들을 따뜻하게 지켜보면서 "마음이 아프거나 힘들면
언제든 돌아오렴."하고 말과 태도로 메시지를 계속 보내야 합니다.
'돌아갈 장소가 있다'고 생각하면 아이도 안심할 수 있을 테니까요. 영양과
휴식을 통해 심신이 충전되었다면 다시 아이를 내보내 주세요.
미래를 살아 나갈 아이들 모두가 자신이 가지고 있는 힘을 힘껏 발휘하여
행복해졌으면 합니다.
이 책이 귀여운 우리 아이들이 떠나는 여행의 동반자가 된다면 정말 기쁠
것 같습니다.

NPO 법인 JAM 네트워크
대표 다카토리 시즈카

◎각 훈련의 목적

이 책 각 항목의 과제와 목적을 정리하였습니다.
아이들에게 의견을 주거나 지도할 때 참고해 주세요.

항목		과제	목적
제1장 기회를 만드는 훈련			
	1	바르게 인사하기	인사의 기본을 배우고, 인사의 의미를 생각한다.
	2	쿠션 언어	기분 좋은 커뮤니케이션의 요령을 익힌다.
	3	여러 사람과 이야기하기	많은 사람과 얘기를 나누면서 경험을 쌓는다.
	4	친구 사귀기	용기를 내어 먼저 말을 걸어 본다.
	5	친구와 화해하기	관계를 회복하는 방법을 생각한다.
제2장 감정을 표현하는 훈련			
	6	상대의 기분을 헤아리기	표정이나 목소리, 몸짓에 주목한다.
	7	자신의 마음속을 표현하기	자신의 감정을 알아차린다.
	8	기쁘다는 감정을 표현하기	감정을 드러내 보인다.
	9	찜찜한 기분을 정리하기	거미줄 차트 방법을 활용한다.
	10	친구에게 놀림을 받았을 때의 대처법	자신을 긍정할 수 있는 말을 익힌다.
	11	친한 친구에게 놀림을 받았을 때의 대처법	싫은 감정을 전달하는 일의 필요성을 안다.
	12	혼자 있는 용기를 갖기	양심에 따른 행동을 할 수 있게 된다.
	13	남을 놀리는 입장이 되어 버린 경우	상대방의 기분(감정)을 상상하는 연습을 한다.
	14	화를 조절하는 방법	분노의 감정을 조절하는 것에 대해서 생각한다.
	15	슬픈 감정을 표현하는 방법	괴로운 마음을 부정하지 않고 인정한다.
제3장 알기 쉽게 말하는 훈련			
	16	상대가 이해할 수 있도록 정보를 전달하기	그림을 그리는 것처럼 설명한다.
	17	상대가 알고 있는 것에 비유하기	비유적인 표현을 사용해서 표현한다.
	18	숫자를 사용해서 표현하기	숫자를 사용하는 등 객관적인 표현을 연습한다.
	19	서로의 다른 생각을 확인하기	서로가 오해하지 않는 표현 방법을 생각한다.
	20	넘버링을 사용해서 말하기	말을 할 때 하나하나 항목별로 말한다.
	21	5W 1H로 사실을 전달하기	보고의 틀 만드는 방법을 배운다.
	22	말하는 순서를 생각하기	말하는 순서에 따라 받아들이는 것이 달라짐을 느낀다.
	23	길 안내하기	길을 안내하는 포인트를 배운다.
제4장 생각을 정리해서 요점을 말하는 훈련			
	24	전달하고 싶은 얘기를 정리하기	자신이 무엇을 말하고자 하는지 자문하는 버릇을 들인다.
	25	자신의 감정, 의견을 분명하게 하기	가설을 세워 판단하는 연습을 한다.
	26	사실을 정리하기	사실과 감상으로 나누어 객관적으로 말한다.
	27	이유와 그것을 뒷받침하는 사실을 정리하기	뒷받침이 되는 사실을 상대방에게 전달한다.
	28	친구와의 싸움을 해결하기	화해의 규칙을 확인한다.
	29	여러 가지 해결 방법을 생각하기	여러 장면에서의 발상법을 연습한다.
	30	반성을 말로 표현하기	실패를 만회하는 행동 방법에 대해서 생각한다.
	31	남과 협상하기	협상의 요령을 배운다.
제5장 응답을 잘할 수 있게 하는 훈련			
	32	상대방의 궁금증에 대답하기	오늘 있었던 일과 생각한 점을 표현한다.
	33	맞장구치기와 되받아치기를 사용하기	맞장구를 쳐서 얘기하는 사람의 기분 좋음을 느낀다.
	34	신나는 대화에 도전	상대방이 말하는 속도에 맞추는 방법을 체험한다.
	35	상대방 기분에 다가가기	상대의 입장에서 어떤 말이나 태도가 좋을지를 생각한다.
	36	모르는 것을 그대로 두지 않는 습관	질문하는 것에 익숙해진다.
	37	구체적으로 질문하는 방법	질문을 만드는 일에 익숙해진다.
	38	상대의 놀림에 되받아쳐 주는 방법	말의 다양성을 생각해 본다.
	39	기운이 나는 말을 사용해 보기	마음가짐을 새로이 하는 방법을 생각한다.
	40	전화 대응 요령	전화 통화 시에 안전한 대응 방법을 안다.
제6장 상대방이 불쾌하지 않도록 정중히 말하는 훈련			
	41	기분 좋은 대응 방법	어미에 주의한다.
	42	남에게 부탁할 때	입장이나 상황에 맞춰 말투의 패턴이 있음을 안다.
	43	부탁을 무난하게 거절하는 방법	상대방도 자신도 다치지 않는 대화 방법을 생각한다.
	44	공손한 말 연습하기	긍정적으로 말하는 법에 대해 배운다.

참고 문헌

『아이들에게 전달하고 싶은 3가지 힘』 사이토 다카시 저
『제대로 울 줄 아는 아이로 키우자』 오카와라 미이 저
『아프게 찌르는 말을 튕겨 내는 마음 호신술』(원제: So Bin Ich Unverwundbar) 바바라 베르크한(Barbara Berckhan) 저
『성공하는 아이로 키우는 방법』(원제: A Mind at a Time, 아이의 뇌를 읽으면 아이의 미래가 열린다(한국판 제목)) 멜 레빈(Mel Levine) 저
『'생각하는 힘이 있는 아이'가 한층 더 성장하는 단순하고 확실한 방법』(원제: Raising a Thinking Child: Help Your Young Child to Resolve Conflicts and Get Along with Others) 머나 슈어(Myrna B. Shure) 저
『코칭 전문가가 사용하는 질문력 노트』(원제: Ask the Right Question) 루퍼 일스-화이트(Rupert Eales-White) 저

저자 소개

다카토리 시즈카
NPO법인 JAM 네트워크 대표, '자기 표현력' 코치

두 아이의 엄마로 육아에 고군분투하면서 육아와 소비자 문제 취재 기자로 활약 중이다. '육아 네트워크'의 창설 멤버로 『아이와 함께 가는 도쿄 놀이터 가이드』(마루센메이츠) 등의 출판에 관여했다. 1998년 남편의 전근으로 함께 미국으로 건너간 후 일본인 학교에서 알게 된 아이 엄마들과 그룹(JAM의 전신)을 만들어 아이와 여성의 시점에서 육아와 교육에 관한 취재 및 연구 활동을 했다.
귀국 후 'JAM 네트워크'를 결성. 신문, 잡지, 책을 집필하는 한편 부모와 아이, 교육 관계자를 대상으로 강연 활동을 기획, 실천하고 있다.
(재)생애학습개발재단 인정 코치

NPO 법인 JAM 네트워크

JAM은 Japanese & American Mothers의 머리글자를 딴 명칭으로, 일본과 미국의 부모, 아이, 교사가 활동하는 네트워크다. 2002년 미국에서의 취재를 토대로 일본의 실정에 맞는 커뮤니케이션 기술 훈련법을 제안하며 커다란 반향을 불러일으켰다. 2003년 10월 아이와 부모, 교사의 커뮤니케이션 스킬 육성을 목적으로 NPO 법인화에 이르렀다. 부모와 자녀, 그리고 교육 관계자를 대상으로 강연회 및 워크숍을 각지에서 개최하고 있다.

·주요 저서
『부모와 자녀가 함께 키우는 '자기 표현력'』, 『부모와 자녀가 키우는 '자기 표현력' 워크북』, 『사춘기 아이와 커뮤니케이션하는 법』, 『10대에 키우는 '자기 표현력'』(이상, 주부의 벗 출판사), 『알고는 있는데 칭찬할 수 없다! 뇌를 키우는 '칭찬하는 표현력'』, 『머리 좋은 아이로 성장하는, 부모가 해도 되는 말, 해서는 안 되는 말』(이상, 다카라지마 출판사), 『아이가 영어의 달인이 되기 위한 '자기 표현력' 엑서사이즈』(아르크 출판사)

역자 고정아

도쿄 외국어 대학교에서 일본어학을 전공했다. 유학 생활을 마치고 돌아온 후 기업체 대상의 일본어 통번역을 시작으로 전문 번역가의 길로 들어섰다. 하면 할수록 오히려 어렵게 느껴지는 번역이라는 작업에 고군분투하며 현재도 다양한 분야의 일본 서적을 우리말로 옮기고 있다.

옮긴 책으로는 『잃어버린 문명 대백과』, 『초자연 현상 대백과』, 『초능력자 대백과』, 『움직이는 도감 MOVE 우주』, 『우리 아이 봄여름 옷장』, 『우리 아이 가을겨울 옷장』, 『르포 빈곤대국 아메리카』, 『결정하는 힘』 등 다수가 있다.

ILLUSTBAN KIMOCHI NO TSUTAEKATA COMMUNICATION NI ZISHINGA TSUKU
44 NO TRAINING by Shizuka Takatori, JAM Network
Copyright © Shizuka Takatori, 2007
All rights reserved.
Original Japanese edition published by GODO-SHUPPAN Co., Ltd.
Korean translation copyright © 2019 by LUDENS MEDIA Publishing Co., Ltd.
This Korean edition published by arrangement with GODO-SHUPPAN Co., Ltd., Tokyo,
through HonnoKizuna, Inc., Tokyo, and Shinwon Agency Co.

이 책의 한국어판 저작권은 Shinwon Agency 를 통해
GODO-SHUPPAN Co., Ltd. 와 독점 계약한 루덴스미디어㈜에 있습니다.
저작권법에 의하여 한국 내에서 보호를 받는 저작물이므로 무단 전재 및 복제를 금합니다.

루덴스미디어

똑똑하게 레벨 업 시리즈 ❸
할 말 다하기

저자 다카토리 시즈카(JAM 네트워크 대표)+JAM 네트워크
역자 고정아
찍은날 2019년 3월 25일 초판 1쇄
펴낸날 2024년 6월 25일 초판 6쇄
펴낸이 홍재철
편집 정연주
디자인 박성영
마케팅 황기철·안소영
펴낸곳 루덴스미디어㈜
주소 경기도 고양시 일산동구 무궁화로 43-55, 604호(장항동, 성우사카르타워)
홈페이지 http://www.ludensmedia.co.kr
전화 031)912-4292 | **팩스** 031)912-4294
등록 번호 제 396-3210000251002008000001호
등록 일자 2008년 1월 2일

ISBN 979-11-88406-36-4 74180
ISBN 979-11-88406-33-3(세트)

결함이 있는 책은 구입하신 곳에서 바꾸어 드립니다.
값은 뒤표지에 있습니다.

이 도서의 국립중앙도서관 출판시도서목록(CIP)은 e-CIP홈페이지
(http://www.nl.go.kr/ecip)에서 이용하실 수 있습니다. (CIP제어번호 : CIP2019010897)